Juan Alejandro Chindoy

Pensar
desde tierras indígenas

Herder

Diseño de portada: Gabriel Nunes

© *2026, Juan Alejandro Chindoy Chindoy*
© *2026, Herder Editorial, S.L., Barcelona*

ISBN: 978-84-254-5385-4

Imprenta: Liberdúplex
Depósito legal: B-4014-2026
Printed in Spain - Impreso en España

Herder
www.herdereditorial.com

ÍNDICE

A las abuelas y los abuelos de muchos territorios indígenas. A estudiantes indígenas de universidades que en respuesta a mis constantes exhortaciones para que escribieran sus reflexiones dijeron que harían lo propio cuando escribiera las mías.

AGRADECIMIENTOS

Expreso mi gratitud a todas las personas que me han ayudado a pensar con cuidado a sabiendas de que sus exhortaciones podrían ser una voz en el vacío.

A mis amigos indígenas que pidieron reserva de sus nombres les adeudo su grata compañía y una vez más los invito a mi casa para retomar la conversa que quedó pendiente en sus casas.

Muchas de las abuelas que menciono en este libro están muertas. Espero que algunas de las historias que cuento honren su memoria filosófica.

Por último, quiero agradecer a la editorial Herder y a su director por haber creído en este proyecto desde el primer momento, así como al equipo de edición por su cercano acompañamiento durante la preparación de la versión final de este libro.

INTRODUCCIÓN

«Si se comprendiera el significado que entraña la idea de lo pasajero, tal vez se pensaría mejor en por qué se hacen las cosas que se hacen, en por qué se las dice como se las dice y en su para qué», decía la abuela de una comunidad indígena del piedemonte amazónico colombiano. Su mirada y el cuidado de sus palabras indicaban cierta tranquilidad forjada con los años. Hablaba en kamëntšá, un idioma aislado, en el filo de un vacío existencial, ignoto para las ciencias del lenguaje, pero de vital significado metafísico. En los sonidos de ese idioma que se apagan en cada generación y de los que la abuela hacía eco hay algo de verdad de la condición pasajera de lo humano. Al decir en kamëntšá *Bëng achënunguanëng monbëm*, literalmente «nosotros pasajeros somos», la abuela hacía referencia al trazo que deja un caminante cuando distrae su paso del camino señalado y lo atraviesa explorando un camino sinuoso sin perder de vista el horizonte.[1] La expresión

[1] Escribe Tyson Yunakporta: «En nuestras lenguas aborígenes no tenemos una palabra para decir "no lineal", pues en primera instancia a nadie se le pasaría por la cabeza la posibilidad de viajar, pensar o mantener el hilo de una conversación siguiendo una línea recta», en

en ese idioma de la abuela subraya una minúscula certeza de la contingencia humana.

Según las reflexiones de la abuela, la existencia humana es a la vez profundamente significativa y estrechamente limitada en comparación con la existencia en general. Existir para ella es una idea extensiva, abarca más que ser, y se aplica a muchos entes. Ser denota una condición un tanto pasiva que está ausente en existir, una diferencia similar entre ver y observar. Observar denota más actividad que ver. Ignoro cómo empezaron a surgir tales especulaciones en la abuela. La hipótesis más verosímil es que provenga de sus andanzas y aprendizaje de idiomas indígenas que hacía. Sin embargo, tal vez se deba a su temperamento especulativo; una combinación inusual de fuentes no sería descartable. Recuerdo que era alentador escucharla en largas noches de conversa. Una vez nos reunimos un buen número de nietos y la abuela se quedó casi toda la noche explicándonos que existir se predica de muchos entes mientras que ser es predicado del restrictivo ámbito humano. Explicaba sus ideas con ejemplos simples. Para explicar por qué existir es más que ser decía que nosotros decimos lo que hacemos, lo que pensamos y soñamos, pero que nos cuesta atribuir esos predicados a las montañas, los ríos, las estrellas, las nubes y los árboles. Sería aún más trabajoso hacernos entender si atribuyésemos a esos entes los predicados de hacer, pensar, soñar, hablar, o recordar. Más difícil sería atribuir nuestros predica-

Escrito en la arena, Barcelona, Herder, 2023, p. 28.

dos característicos de nuestra existencia humana a los sueños, a los espíritus, a los duendes, a los espantos y a los miedos. Pero precisamente eso se debía a que consideramos el existir como algo que nos es propio, mientras que atribuimos la idea de que otros entes simplemente son. Si pensáramos que otras entidades no humanas existen como nosotros podríamos tal vez comprender que existir es más que ser. No estoy seguro de si en esas conversaciones podía seguir en detalle su argumentación porque el frío de la madrugada desviaba la atención hacia el fuego que se consumía. Mi prima Marta, a quien también le gusta estudiar filosofía y que escuchaba más atentamente que yo esas conversaciones de la abuela, me explicó hace poco las implicaciones que la abuela extraía de sus pensamientos.

Según Marta, una consecuencia de que existir sea más que ser es que existir humanamente es un asunto de gradación relacional, como un arcoiris cuyos colores aparecen más o menos intensos según la causa, el tiempo y el lugar en que se perciban. Tiene más sentido afirmar la intensidad de la luz del arcoiris cuando uno no está cubierto por sus colores. Para observar mejor algunas cosas es preciso a veces distanciarse de ellas. De forma análoga —explica Marta— tiene sentido contar la historia de la existencia humana en años, lustros o siglos o milenios cuando uno se para en el ámbito humano. Si fuese posible ubicarse en la perspectiva de existencia de otros entes, tales clasificaciones temporales tal vez pierdan algo de sentido. No recuerdo que la abuela haya realizado tales implicaciones, pero

Marta me recuerda que yo dormitaba en muchos momentos. De hecho, según ella, una explicación clara de la abuela resultaba de su comparación de las capas de la corteza de un antiguo ciprés amazónico con el tiempo humano. Cada capa de esa corteza era un signo del tiempo que transcurre en el árbol y que expresa un signo de temporalidad distinto del que nosotros experimentamos. En nosotros, las arrujas que surcan nuestro rostro son apenas tenues reflejos de una temporalidad distinta. Reflejan precisamente la condición pasajera de lo que somos.

Aunque no recuerdo con detalle algunos de los ejemplos de la abuela que Marta sí, a mi memoria siempre viene el recuerdo de la abuela con sus especulaciones sobre la contingencia humana. Por eso le cuento a Marta que la insistencia de la abuela en la contingencia humana me hace pensar que algunos de los maravillosos idiomas con los que hablamos, las culturas que valoramos, e incluso los sistemas de pensamiento que construimos, podrían ocupar ese lugar que Heidegger caracterizó como pérdida ontológica, una pérdida radicalmente inimaginable, irredimible.[2] Sé que en los ojos de alguien podría asomarse un gesto

2   Hay discusiones filosóficas interesantes acerca de cómo hablar de pérdida cultural radical, no de un evento o una festividad, sino del fundamento mismo que da sentido a tales eventos. Una de las tesis de mayor discusión al respecto la planteó Jonathan Lear en su libro, *Radical Hope*, con base en la experiencia de la pérdida de sentido filosófico expresada por Plenty Coups, uno de los líderes del pueblo indígena Crow. Cf. Jonathan Lear, *Radical Hope,* Cambridge (MA), Harvard University Press, 2008.

de escepticismo al observar esa inusual combinación de ideas, pero creo que las ideas a veces se entretejen inusitadamente, o se relacionan de forma espontánea. En todo caso, al recordar con Marta las conversaciones de la abuela, le cuento que para mí una de las lecciones inolvidables que nos dejó fue aquella en la que reflexionaba sobre la muerte.

La muerte para la abuela tenía dos connotaciones. La muerte física aparece cuando los sonidos de la boca ya no expresan los sonidos del corazón. La muerte metafísica ocurre cuando ya nadie es capaz de recordarnos, cuando ya no aparecemos de ningún modo en ningún lugar ni tiempo. En la muerte física se afirma el camino entre el recuerdo y el olvido. En la muerte metafísica, una sin tiempo y sin lugar, se manifiesta un olvido radical. Eso era justamente lo que la abuela intentaba señalar, a su manera, con sus especulaciones sobre la condición pasajera de lo humano que tiende a rechazar la muerte metafísica. Es posible que algunos de nuestros idiomas, algunas de nuestras voces puedan estar convalecientes o al borde de la muerte física. Pero desde ese reino seguirán hablándonos, incluso en nuestros sueños o en nuestras ideas sin conceptos, y mientras esos conceptos sean familiares nos seguirán preguntando por aquello que vale la pena y por aquello que tal vez sea mejor dejar pasar. Si llegaran a estar en ese ámbito de la muerte metafísica, esos idiomas y esas conceptualizaciones quedarían en nada, en la ausencia final.

Las especulaciones de la abuela no eran de convicción meramente intuitiva. De sus viajes aprendió a decir «muerte» y «vida» en varios idiomas indígenas. Creía que los nombres con que se designa la muerte acercaban el significado de la vida. No es que fuera coleccionista de expresiones sobre la muerte en distintos idiomas. Su propósito era buscar las experiencias de significado cobijadas con palabras. Nombrar la muerte era para ella dar un contorno de significado a aquello que de otra forma se difumina en nada, en una zona donde el concepto mismo pierde su silueta, difuminándose como el contorno del humo tenue de una lánguida fogata que a ella le gustaba tener encendida. Al preguntársele por el origen de sus especulaciones, en el rostro de la abuela se asomaba una nostalgia cercana. No relataba tiempos específicos, como mes, día o un año. Recordaba en cambio las constantes conversaciones que tuvo alrededor del fogón, en la maloca, en su chagra, en la montaña de las sierras andinas, en las mingas, y en las oscuras noches de invierno tropical de la Amazonía. Decía que había conversado en el río, con él, a su lado, en la montaña y junto a ella, en el desierto y a su paso. La fijeza de sus ojos oscuros y penetrantes daba la impresión de que había visto muchas cosas extraordinarias. Hablaba con una de esas pausas sabias que parecía indicar que en ella el pensamiento y la palabra no se separaban. Sabía del carácter interminable y de la cadencia espiral de una genuina conversa y también sabía concentrarse en sus propias especulaciones cuando las conversaciones no le interesaban. A veces pretextaba sueño y cansancio cuando no sabía cómo irse de un lugar en donde no quería estar o cuando notaba que la gente usaba palabras sin cuidado. Estimaba mucho las palabras, como si fueran sus amigas. Decía que algunas palabras eran como personas, con piel, sangre y hueso. Con algo de vida propia. Contaba que la palabra bien pensada y hablada hace que el pensamiento tome vida y, como si se tratara de una persona más, camine, se mueva y construya su propia edificación en alguna grieta de la imaginación de la que acudiría a un llamado amigable. También podría esconderse, como una persona que cierra la puerta de su casa y se queda en silencio para que nadie la perturbe.

Hablar de lo importante para la abuela era permitir que una idea adquiera una forma distinta, se vista, se engalane, y que, dependiendo del tono, la voz, la modulación, el matiz o énfasis con que se la enuncie, o incluso del silencio de su enunciación, ella pueda tomar vida propia y caminar un tiempo en el corazón y la cabeza de muchas personas. En su lógica era razonable también decir que algunas de estas ideas, como personas irrespetuosamente invasoras que construyen casas sin el mínimo permiso de la tierra, pueden perturbar el corazón y alimentar pesadillas. En tales casos, invocarlas amigablemente y llamarlas por su nombre era un primer paso para recordarles su condición pasajera de forma que su ímpetu impositivo se difumine. Aún así, algunas ideas podrían quedarse en las personas, enraizarse en sus cuerpos y quedarse allí, como prejuicios inveterados. Podría esperarse que con el paso generacional se transformen al habitar en otros cuerpos. Pero no estaba garantizado. Como las personas, las ideas podrían tomar rumbos inciertos.

Aseguraba también la abuela que ciertas ideas, al tener un mayor alcance explicativo, se asemejan a las luciérnagas intermitentes de las noches sin luna que se van desenvolviendo como de un sueño y que parecen alumbrar la intensa oscuridad. Algunas apenas logran iluminar y solo unas pocas pueden vivir por sí mismas. Aunque a ella no le interesara formular una teoría de la naturaleza de las ideas, era claro que prefería las de mayor alcance explicativo. Como si fuera una filósofa aguda como muchas de mis amigas, tenía una extraña predilección por lo abstracto que se afirma en lo concreto. El *tšombiach* —una faja tradicional indígena aún en uso en su comunidad— era su ejemplo favorito. Al preguntársele por algo que sea a la vez abstracto y concreto, ella señalaba pacientemente las figuras de las fajas que tejía, indicaba alguna figura con su mano y, sin perder la mirada de quien preguntaba, contaba que cada signo elaborado era un gesto abstracto que decía «esta es una historia» cuyo significado solo podría manifestarse cuando se contara la historia codificada en el signo, no en el mero acto de señalar el signo. Y remataba afirmando —el contenido del signo no es el signo—. Algo similar ocurría, según ella, con palabras como «muerte» y «vida». En su enunciación no se agota su significación. Nombre y significado son distintos. Algo similar identificaba en la expresión «territorio grande», en kamëntšá *tsbatsanmamá*. Una idea densa, que expresa el origen y fin mismo de todo lo que hace posible la existencia y sus sentidos, que parece perder algo de su significado profundo cuando las personas se empeñan en señalar que el territorio es un lote con mojones. Seguir preguntándole por el significado profundo del territorio a la abuela era un tanto inútil. Su edad se había convertido en razón para reclamarle al tiempo su propio olvido. A su cuerpo le atribuía el agotamiento y la causa por la que interrumpió sus viajes y visitas a sus amistades, compadres y comadres. Tal vez tenía alguna idea del significado profundo del territorio, pero no quería compartirla. Así son algunas personas de comunidades indígenas, especialmente cuando no han sido gobernantes en sus pueblos y han existido casi sin nombre. No dicen todo. No saben todo. No pretenden saber todo. Hay cosas que se guardan para ellas.

La abuela murió hace un par de años.

Imagino que hubiese sido de su agrado estar en una conversación de hace poco en Bogotá entre un wayúu y una inga. El wayúu decía que «territorio» se dice *oumma'in* en wayunaiki, algo más que espacio físico. Afirmaba que el territorio es aquello que confiere sentido a la existencia no exclusiva del ámbito humano. Es lo que sostiene el espacio físico de forma análoga a un cielo azulado que sostiene ingrávidas nubes o al concepto de mar que evoca algo más que agua en el Caribe. Sin el territorio en ese gran sentido, el sentido mismo de existir, de predicar existencia, resulta incomprensible. Limitar el significado de «territorio» a espacio físico es restrictivo. A lo sumo sería el relieve de un pensamiento fragmentado, un significado desvaído, maltrecho, como esas tierras fértiles que se ven agrietadas por una constante sequía. O como un espejismo en un desierto. Mientras asentía con un gesto comprensivo, la interlocutora inga usaba la expresión de origen quechua *Nukanchipa Alpa*, para acentuar el sentido de territorio que su interlocutor referenciaba. Ella decía que la expresión era bastante general, que rememoraba una casa grande en donde vivían grandes montañas, donde podía sin problema decirse que el sol es papá y la luna mamá, pero que denotaba el mismo significado de su interlocutor. Se trataba de una noción de territorio que se extiende más allá del espacio físico. Una idea grande que parece esconderse en las variadas denominaciones culturales con las que se expresa el significado de la tierra en el mundo andino.

Lo que pudo haber sido un intercambio lingüístico intrascendente aquella tarde se tornó en una inequívoca conversación filosófica con la intervención de otras personas. Un tercer participante, un hombre que aclaró que no pertenecía a ningún grupo indígena, sino a Latinoamérica. Al parecer lo indígena no parecía a sus ojos tan importante como el ser latinoamericano; uno de aquellos que al formular una pregunta se expresa con entusiasmo y digresión, afirmó comprender que el territorio entraña cercanía vital con un tiempo y un espacio propios, con modalidades culturales particulares. Dijo luego con vehemente certeza que tal idea no es exclusiva de las comunidades indígenas. Citó varios libros para respaldar su tesis, pero no los recuerdo. Aventuró luego una especulación sugerente respecto a la variación lingüística del territorio indígena. Sostuvo que el sentido amplio de «territorio indígena» podría referenciar la naturaleza ignota, indomesticada por el interés humano y que el sentido más cercano indicaba la naturaleza más familiar, la domesticada. Con un estupor que enrojeció su rostro, finalmente dijo que le resultaba asombrosamente denso que tal sentido de «territorio» sea comparable entre dos idiomas indígenas de escasa o nula familiaridad lingüística. Sugirió que era verosímil que se estuvieran haciendo inferencias precipitadas, sin la profundidad analítica que tal discusión requería. Solícito, se ofreció a realizarla si se lo permitían. Mayor fue su estupor al contestarle que su aventurada especulación explicativa de dos naturalezas separadas en términos de domesticación sugería que no había comprendido realmente el sentido de «territorio indígena» y que la evidencia lingüística contemporánea parecía ocultar una subyacente continuidad filosófica, eidética de «territorio», como si un telón de fondo semántico compartido se ocultara en la sinonimia transcultural. Como si la similitud conceptual de «territorio indígena» escondiera un rasgo filosófico compartido. Quien le contestó de esa forma parecía un filósofo indígena raro, joven y precipitado en su hablar, entrenado en contestar con las mismas palabras como algunas personas esperan que se les conteste para conversar entre iguales. No sé por qué el joven le contestó así al señor, pero creo que el interpelado pudo haber sostenido que su tesis inicial fue incomprendida, pero justo en este punto, una cuarta intervención de una mujer cercana a la antropología se adelantó y, tras una digresión aún mayor que la anterior, nos invitó a los presentes a leer a Viveiros de Castro y todo el giro ontológico —esas fueron sus palabras— en virtud de que, según ella, el antropólogo brasilero podría ayudarnos a explicar mejor lo que intentábamos, a su juicio, vagamente conceptualizar en ese auditorio que ya debía entregarse.

Pasó un tiempo desde aquella conversación y me encontré nuevamente con el wayúu y la inga. Les conté algunas de las anécdotas que aprendí de la abuela kamëntšá. El resultado de nuestros encuentros no era tan alentador. Casi nada de lo que decíamos era tan claro como al principio. Era como si una palabra nos llevara a otra por un laberíntico mundo de significados del que después no sabíamos cómo regresar, excepto recordando las tierras que confieren sentido a lo territorial. Con el paso del tiempo de conversa, empecé a escribir y ensayar posibles intentos de respuesta a las preguntas persistentes que nos acompañaron en muchos momentos.

Ahora que no tengo cómo preguntarle a la abuela kamëntšá, convertí las reflexiones en excusas para escribir. Pero no escribí todo. Dicho mejor, escribí todo, pero borré lo que no tenía sentido de ninguna forma. Me detuve en las preguntas que guiaron la conversa sobre territorio y que se convirtieron para mí en una especie de obsesión por decir algo con respecto a eso. Por eso escribí en el formato de ensayo, que, según se dice, ayuda a que las respuestas sean intentos. La primera de aquellas preguntas, ¿en qué medida puede decirse que la distinción semántica sobre «territorio indígena» es una característica genérica en el pensamiento indígena americano?, surgió del pensar en el profundo significado de las tierras que de una extraña forma exige extenderse más allá de la experiencia cultural concreta, más allá de lo que era claro que conversábamos en nuestras comunidades más cercanas y que por años me había llamado la atención.[3] Era evidente que en muchas comunidades nativas el significado de la tierra es el fundamento del origen cultural de un pueblo, de su historia política, de sus ejes de resistencia y de olvido, y de la existencia en general. También era claro que el «territorio» se pensaba en un sentido amplio, incluso en pueblos en que no existiera un

3   Hay una extensa documentación del sentido amplio de «territorio» en comunidades indígenas de Asia, Europa, África y Oceanía. Sin embargo, en este libro me centro específicamente en comunidades indígenas americanas. Aunque me apoyo en una amplia literatura académica divulgada, no pretendo ofrecer un estado del arte del territorio indígena. Mi argumentación contiene una mezcla de la interpretación de conversaciones comunitarias compartidas y de lecturas propias. Escribo además a modo de ensayo porque las comunidades, pueblos o personas indígenas que menciono, incluso cuando no menciono sus nombres, son personas y comunidades con quienes he conversado y de cuyas voces hago eco en el formato en el que escribo. No es que crea que estoy hablando por ellos. Tengo claro que soy yo el responsable de lo que argumento, pero haría mal en atribuirme ideas que realmente han surgido de conversaciones en distintos lugares dentro de pueblos indígenas vivos. En muchos de los casos, he estado en sus casas y hemos tenido largas jornadas de recíproca conversación, casi siempre tensamente armoniosas. Aunque he sido cuidadoso en no interpretar erróneamente o citar sin permiso algunas historias, también soy consciente de que no me propuse investigar un tema y luego ir a las comunidades a preguntar. Lo que hacen mis ensayos es todo lo contrario: ofrecer una argumentación de las impresiones filosóficas que me ha dejado mi búsqueda constante por conocer qué aspectos filosóficos comparto con otras personas indígenas más allá del legado colonial que nos dejó el tan inconfundible y bello nombre de «indígenas».

término preciso para ello. Lo que no era tan claro era si estas manifestaciones culturales e históricas revelaban un rasgo genérico de la experiencia indígena. Tampoco era claro qué significaba «experiencia indígena». Incluso resultaba perturbador contemplar tal posibilidad de hablar de lo indígena en abstracto. El riesgo de un sesgo homogeneizador cultural estaba a la vista. Se vislumbraba la falaz consecuencia de creer que nuestros conceptos dicen todo lo que pretenden decir. Por otra parte, era claro que en muchos lugares ya se decía que el significado de «territorio», la idea misma, en los pueblos indígenas no podía limitarse al espacio físico. Preguntarse entonces por si las configuraciones históricas o del devenir cultural propio de los pueblos podrían amalgamar en una idea genérica era plantearse una pregunta filosófica por naturaleza. No se trataba de poner una etiqueta, sino de comprender si el devenir mismo de las comunidades presupone un rasgo distintivo que no se aleja de la historia particular pero que tampoco está plenamente determinado por ella. De otra forma, el eje interrogativo era si los significados transculturales de «territorio» elaborados por pueblos indígenas con sus particulares modalidades podrían ser interpretados en términos de una metafísica territorial indígena. No estaba claro si dejarse llevar por ese pensamiento llevaría a un camino un tanto infértil.

Cuando conté a amigos y colegas indígenas mis inquietudes y mis intentos de comprensión a través del lenguaje escrito, algunos dijeron con justificada razón que este tipo de preguntas solo podrían interesarle a alguien de filosofía. O a algún desocupado poeta, un errante. A otros les preocupaba que mis inquietudes no digan mucho de la «coyuntura indígena contemporánea». Para otros, aunque les parecía importante escribir sobre pensamiento indígena americano, creían que era mejor escribir sobre identidad, reconocimiento, y educación propia. Y mejor en idiomas indígenas. Algo más político, más vivo, menos filosófico. De estos amigos uno indicó que una manera de pensar mejor las cosas era escribirlas, incluso si la escritura misma al final es solo un pretexto para alentar al pensamiento a que descifre mejor sus propios códigos inquietantes. Incluso si no se publica nada y lo escrito se deja para luego ser arrojado en un estante, como esas cartas que se escriben y no se envían, y que solo aparecen para ser recicladas en un trasteo, debía alentarme a escribir. Me apoyé en ese consejo y escribí los tres ensayos que aquí presento.

El eje del primer ensayo está en la pregunta por si las formas de pensar desde tierras indígenas ayudan a diagnosticar algunas de las problemáticas del sentido existencial del presente indígena en un mundo globalizado, en un mundo que se afana por asignar etiquetas, roles y lugares a alguien, como si se temiera vivir en un limbo existencial. Argumento allí que algunas de nuestras fragmentaciones comunitarias indígenas, nuestra dispersión y nuestros dramas internos e intergeneracionales, pueden evaluarse en términos del significado de la existencia territorial que se continúa discutiendo en las mismas comunidades. Basándome en algunas conversaciones y en mi interpretación de las discusiones que teníamos de puertas adentro, argumento que una suerte de olvido territorial, voluntario o involuntario, es explicativo de las complejas realidades intergeneracionales en los pueblos indígenas. Pienso que hacerse eco de las fuentes de vida y prácticas colectivas que emergen de los pueblos y que los sostienen filosóficamente podría contribuir a que el cálido fogón del territorio continúe siendo cuidado, críticamente repensado y compartido, incluso fuera de las tierras que inicialmente configuraron un primer sentido de hogar existencial. No es mi argumento que el énfasis territorial deba necesariamente expresarse en términos de un lugar físico concreto. Es más bien que el significado del territorio, la idea de territorio como gran casa, si bien no debe traducirse en la ocupación de un espacio concreto, es una idea filosófica que nos permite repensar los sentidos de nuestra propia existencia individual y colectiva en este planeta.

El segundo ensayo es una reflexión sobre la responsabilidad del lenguaje con el que nos referimos cuando hablamos de conocimientos indígenas. Argumento en este ensayo que, aunque el pensamiento indígena puede contribuir significativamente a recordarle al ser humano contemporáneo sus raíces y vínculos con la tierra, tal contribución debe realizarse con cuidado crítico y con una mirada amplia para no caer en una especie de exotismo intelectual tanto por personas indígenas como por no indígenas. Pienso que, aunque en algunos contextos sea razonable que personas de comunidades indígenas nos dediquemos a pensar en nuestras realidades inmediatas, en muchos casos por obvias razones de supervivencia cultural, la conversación no puede permanecer allí. En un mundo en el que estamos igualmente afectados por una crisis ecológica global y por estructuras de poder económico que permean indefectiblemente incluso nuestras esferas más privadas, excepto en casos muy excepcionales, no es posible pretender que siendo personas indígenas no estemos afectados en modo alguno por tales estructuras. Por esta razón, pienso que puede resultar contraproducente ignorar que nuestras respuestas al sentido mismo de la existencia hoy son también respuestas a condiciones históricas que nos han afectado y no respuestas que se han mantenido inamovibles en la historia. En este sentido, mi análisis valora positivamente los conocimientos de muchas personas indígenas que sugieren que nuestras raíces indígenas les recuerdan al ser humano distraído por el mundo externo y desaforado por encajar en la lógica de la competencia sin sentido, que hay una manera distinta y más profunda de vivir plenamente como seres humanos y que los conocimientos cumplen una función importante en ello. Sin embargo, también indica que esta contribución no puede ocultar las formas de cómo estamos planteando esas conversaciones internamente, dentro de las comunidades que nos vieron nacer.

El tercer ensayo es un boceto de metafísica territorial indígena. Se trata de un texto acerca del sentido y significado de la idea de territorio indígena. Más que elaborar un reporte exhaustivo de todo lo que se ha publicado sobre territorio indígena en el mundo académico o de señalar que algunas conversaciones

que referencio sean epítome de filosofía indígena, pro-
pongo en este último ensayo que el territorio indígena
sea leído a la vez como una categoría crítica de análisis
filosófico y como una perspectiva vital de significado
humano que emerge de pueblos indígenas. Como categoría crítica de análisis filosófico busca centrar una
mirada crítica a las formas de pensamiento que imaginan prístina, encerrada en sí misma, inconmensurable
e intocable cualquier manifestación filosófica proveniente de los pueblos indígenas, un legado colonial que
aún persiste y que se usa con distintos fines tanto por
indígenas como por no indígenas. Lo que comenté de
la abuela al comienzo de esta introducción es un claro
ejemplo de la vitalidad misma del pensamiento filosófico de las comunidades indígenas y de un carácter
especulativo propio, emergente de tiempos y espacios concretos que no se quedan estancados. En tanto
perspectiva vital de significado humano, el territorio
pretende subrayar tanto las expresiones culturales en
las que se manifiesta la idea misma de territorio como la
necesidad de recordar a cualquier humano que esta
casa planetaria común sea repensada como un hogar,
nuestro hogar común.

Si bien cada ensayo aborda distintas dimensiones
del territorio indígena, de las experiencias de olvido
y del significado de conocimientos, mi estilo de escritura busca continuar el tenue hilo de reflexividad
filosófico de la abuela que referencié al comienzo.
Me he propuesto estirar un hilo narrativo argumental haciendo explícitas otras conversaciones filosóficas
con personas y colectivos indígenas americanos cuyos

nombres he preferido no mencionar sin su permiso. Los ensayos se nutren también de conversaciones académicas con personas para quienes la filosofía les resulta cálida o dolorosamente cercana y de quienes he recibido con beneplácito las variadas recomendaciones de libros y artículos de investigación que referencio. En algunos casos cito fuentes que no sean extensas. En la medida en que mi interés central es presentar los argumentos generales desde tierras indígenas con un enfoque filosófico que permita continuar la conversación sobre territorio, formas de olvido y conocimientos, tanto en el horizonte interpretativo indígena en el que escribo como en el mundo más extenso de ideas filosóficas, trato de prescindir de un lenguaje técnico o académicamente especializado que pueda hacer perder el argumento general. A veces menciono expresamente los lugares donde se desarrollaron algunas conversaciones, pero omito deliberadamente gran parte de las fechas y motivos anecdóticos de encuentro que las propiciaron.

He querido que las impresiones, conversaciones y discusiones provenientes del mundo indígena se enlacen con el estilo argumental de tinte filosófico. Tanto los episodios reflexivos de abuelas y abuelos, amigos y amigas indígenas, como mis lecturas de textos clásicos de filosofía que se leen en cualquier universidad de raigambre occidental han inspirado mi escritura. Si esa combinación de fuentes resulta adecuada, favorable o suficiente para la argumentación filosófica que aquí realizo será algo que deba examinar después. Por ahora me es suficiente con decir que cualquier error interpretativo de alguna fuente, toda falta de claridad en la argumentación, insuficiencia de fuentes reflexivas, o ligereza en el análisis es solo mi responsabilidad, y que aspiro a enmendar tales deficiencias a través del diálogo que espero suscite lo que aquí he escrito.

I. OLVIDO TERRITORIAL Y REENCUENTRO

En la profundidad de la selva, en una noche oscura y tormentosa en la que la presencia humana parece tornarse insignificante, la voz de una abuela del occidente amazónico recuerda que toda existencia está vinculada a una narración. Ella habla en una variante del quechua y la conversación está cerca al río Yurayaku en el Caquetá. Algunos detalles de lo que ella dice se pierden con el viento poderoso e intenso que ruge como la voz del jaguar. Quiero pedirle que me repita algunas de sus historias y que explique en español algunas de las cosas que no comprendo. Al ser interrumpida indica que en este caso no importa el idioma en que se hable. La fuerte lluvia acompañada de intempestivos relámpagos haría lívido el rostro de cualquiera. El de la abuela permanece impávido y su voz, ahora en español, dice que en su vida en el territorio, que para ella es el río, la tormenta, la oscuridad profunda y el tenue fogón del centro de la maloca en el que estamos, ha aprendido a describir la existencia con variedad de historias. Afirma que algunas se pueden fácilmente olvidar, que otras pueden causar miedo, como el que sentimos quienes estamos refugiados en esos rincones bajo la tormenta.

Y otras se pueden olvidar a fuerza de ser mal narra-
das. Narrar es un arte que requiere cuidado porque las
palabras moldean nuestro pensamiento. Narrar bien es
cuidar las tierras. Hacerlo mal es sembrar daño en ellas.
Esto es así —explica la abuela— porque las narraciones
son acercamientos a nuestro sentido existencial y al de
otras formas de existencias. Una adecuada narración
puede ayudarnos a comprender que nuestro temor a
la tormenta es también un temor a nosotros mismos,
a nuestros propios límites. Pero también puede ayudarnos a comprender que no todo sentido existencial
se agota en la narración, porque toda narración de
algún modo es inconclusa. Con esas reflexiones sobre
la narración, la abuela narra lo que ella sabe, pausando
de vez en cuando para recordar que en lo que cuenta
no se agota la exuberante manifestación de aquello
que existe. De la totalidad de la existencia dice que es
mejor guardar silencio. O cantar en solitario.

Ignoro las razones subyacentes a los comentarios
sobre el significado que la narración despliega sobre
la existencia y las formas de olvido territorial. Imagino que el rostro atemorizado por la tormenta de
quienes estábamos allí influyó en lo que la abuela nos
dijo aquella noche. No averigüé si su extensa narrativa
obedecía a una interpretación personal de otras historias
que habría escuchado o si era una reflexión proveniente
de sus largos años de vivir y viajar en la extensa Amazonía y en la Orinoquía venezolana, lugares que ella
visitaba con frecuencia y que era capaz de describir
con detalle, como si estuviera viendo lo que decía. Lo
que encontré filosóficamente significativo de la narra-

tiva de esa abuela aquella noche era el vínculo que ella hacía entre territorio, olvido, existencia, y reencuentro comunitario. Una narrativa extensa y apacible que parecía calmar la misma tormenta.

Su discurso durante la noche giraba en torno a la narrativa de tres modalidades existenciales: una primordial, una ancestral y una existencial. Tanto el discurso como sus movimientos alrededor del fogón daban la impresión de honrar el ciclo del tiempo, pues ella misma de tanto en tanto se sentaba en un lugar distinto alrededor del fuego. Explicaba que esos giros obedecían a la posición de las lisas y ovaladas piedras que sostenían el fogón. Una de esas piedras que daba al poniente era símbolo del sol, la otra era la luna y la otra era la tierra, el planeta. No había sincronía entre una historia que contaba y una explicación sobre el significado de una narrativa. Ella indicaba que su posición cambiaba por su cansancio y que no tenía nada que ver con la historia que contaba.

De la primera modalidad narrativa habló muy poco. Con el término «primordial» se refería a lo que fundamenta y permea todo cuanto existe. Según la abuela, en casi todas las comunidades que ella conocía era difícil ponerle un nombre a un sentido primordial de la existencia. Uno podría decir que hubo un tiempo sin tiempo, un origen sin nombre, un pensamiento puro, o un principio o fuente del que todo proviene. Podría agregarle a ese principio un atributo físico como el viento o la nube, o algo menos tangible como un sueño, un recuerdo, o una memoria. O también podía personalizar ese principio diciendo que es un abuelo o una abuela. El problema era que esas palabras debían entenderse con precaución porque realmente son intentos de conferir sentido a aquello que existe pero que al nombrarlo se distorsiona. Imaginarse eso primordial era como plantear una pregunta sin contenido, si es que se puede. Señalar ese algo tampoco podía llamarse misticismo o religión o relato cósmico o principio. No era un problema de ausencia de palabras en idioma humano alguno. Era un problema del propio pensamiento. Si alguien se atreve a explicarlo tal vez es porque no ha comprendido su sentido… Sin embargo, era un principio cuya nominación misma era tanto imposible como inevitable. Desconocer aquel sentido era de alguna forma olvidar un sentido primario de nuestros límites humanos de comprensión, un límite de nuestras propias tierras, nuestros propios cuerpos. Como la abuela no estaba segura de si quienes escuchábamos comprendíamos bien su mensaje, nos invitó a que en algún momento intentáramos contarle a alguien lo que estaba significando para nosotros esa noche tormentosa y afirmó que por mayores que fueran nuestros esfuerzos jamás lograríamos transmitir realmente la experiencia misma de estar en esa tormenta. Nuestros esfuerzos explicativos eran aproximaciones. Valiosas, pero aproximaciones de principio a fin. De la misma manera, decía que era su mensaje sobre aquella narrativa primordial que da sentido a toda la existencia: era una aproximación. Por esa misma razón, no se podía realmente contar una historia sobre la modalidad existencial primordial. Aunque al nombrarla se cree algo de confusión, no hacerlo era aún peor.

Una de las personas que escuchaba a la abuela aprovechó una larga pausa para preguntarle si esas tormentas eran usuales en la zona. La abuela permaneció un buen rato en silencio. No sé si motivada por la pregunta o por otra razón, luego se levantó y dio una mirada. Nos invitó enseguida a echar una ojeada al lugar donde más intensamente llovía. Dijo que a esa hora el espíritu de la lluvia estaba en una pelea con el espíritu del viento y que la disputa no estaba resuelta. Que el espíritu de la lluvia reclamaba su dominio sobre el cauce del río y que el viento reclamaba el suyo sobre el dominio de las frondosas palmeras. Al debilitarse muchas palmeras con la fuerza del viento, el río que ya andaba medio ciego aprovechaba su caudal y arrasaba consigo las frondosas palmeras que perturbaban el espíritu de la lluvia. Había que esperar a que el canto de la anaconda o del jaguar persuadan a esos grandes espíritus para que la disputa se resuelva en otros términos y así la tormenta disminuya. Por el momento el río estaba tuerto y no reparaba en lo que se llevara. La lluvia gritaba con intensidad y el viento estaba medio sordo. Solo el canto del jaguar y el de la anaconda podrían intermediar en esa disputa. A nosotros nos correspondía una tarea distinta. Debíamos desgranar maíz para hacer chicha en los próximos meses y contribuir con ello tanto a la celebración del significado de comunidad en el ámbito humano como al significado de comunidad en el ámbito del existir con otros seres. Sonrió y agregó:

—Además es bueno que ustedes también hagan algo de trabajo.

Mientras desgranábamos el maíz, la abuela retomó el discurso anterior y empezó a describir una segunda forma de narración. Dijo que ahora nos hablaría del significado de las «historias ancestrales de las más antiguas». El significado de estas narrativas era que ayudaban a comprender algunas manifestaciones de la existencia más allá del ámbito humano. Se trataba de historias que referenciaban todo aquello que puede decirse en lenguajes humanos pero que no se refiere al drama humano, sino a la forma como se configuraron lugares y tiempos. Se trata de las narrativas que describen las hazañas y miserias de los dioses, de los tiempos de los sueños, de los misterios que guardan las plantas, de cómo ellas se comunican, crean alianzas con minerales y con animales y de las guerras que incluso hacen los vientos, las lluvias y las tormentas. Allí el ser humano es apenas como un infante que está aprendiendo a ver el mundo, que apenas logra percibir un mundo pero que ya logra darle sentido en su lenguaje y con su cuerpo. Por eso las historias ancestrales son distintas de las historias del ámbito humano. Y son ancestrales tanto en el sentido de que preexisten al ser humano como en el sentido de que configuran la capacidad narrativa de dar sentido a otros relatos. Según el relato de la abuela, el olvido de este tipo de narrativas es proporcional al sentimiento de vehemente soledad que uno puede experimentar en el cosmos, intensificándose en la noche oscura y en la selva de intensa lluvia. A mayor olvido de la narrativa ancestral mayor el sentimiento de alienación y mayor primacía al ámbito humano. Comprender la acción de las fuerzas naturales y describirlas adecuadamente es reconocer que otros entes han creado y están creando sentido, continuamente. Son también agentes.

—¿Eso quiere decir que las narrativas ancestrales cuentan cómo vivieron los antepasados? —preguntó una joven antropóloga investigadora. Una nueva pausa tras la pregunta sirvió para atizar el fuego y traer más leña. También se trajo más mazorcas para desgranar.

Le llamaban *La comadre Motsotondó* —empezó la abuela— a un espíritu que deambulaba por los bosques tropicales espesos, por allá lejos en el tupido monte. Protectora de las tierras inhóspitas y de la selva espesa, la comadre era enemiga de los humanos. Con sus cantos suaves arrullaba a los niños y solía astutamente permanecer vigilante hasta que en las casas todos se quedaran profundamente dormidos. Luego se acercaba sigilosamente y tomaba a los bebés varones en sus brazos, los amamantaba y una vez alimentados los devoraba. Solo se escuchaba a lo lejos el llanto de un bebé. Varias familias se habían reunido para enfrentar a Motsotondó, pero nunca se lograba capturarla ni darle muerte. Unos chamanes que estuvieron más cerca de atraparla apenas lograron contar que era un espíritu fantasmal de gran poder de cuyos pezones salía un líquido lechoso que fertilizaba la tierra. Apenas contaron eso, se desmayaron y murieron. Lo único que parecía servir de antídoto para tener lejos a Motsotondó era mantener el fogón encendido. En épocas de verano era fácil mantener el fuego vivo, pero en invierno era prácticamente imposible, bien sea porque la leña seca se terminaba o porque la lluvia amenazante por varias semanas hacía imposible recoger más leña. Muchas familias habían decidido irse de la zona. Las pocas que quedaban ya estaban resignadas a ser las últimas generaciones de una población de la que nadie sabría. Saberse los últimos de una generación les causaba tristeza y decidieron, como a veces hacen los indígenas, emborracharse ante una desgracia. Los adultos hicieron chicha y se congregaron en una gran Maloca y con dolor dejaron a los niños a su suerte. En una de esas familias, una niña de unos cuatro años había escuchado que Motsotondó se disuadía con el fuego. Cuando sus padres se fueron, la niña convenció a sus hermanos menores de que lloraran como bebés. A la cuarta noche del llanto el fogón empezaba a palidecer y unos cantos hermosos se empezaron a escuchar. La niña entonces tomó un tizón grande y lo escondió en un jarrón. Cuando la casa se cubría de humo blanco, de ese que se produce cuando el fuego se apaga intempestivamente, apareció Motsotondó. Era grande, con el cabello hasta los pies, el rostro como de ceniza y parecía ciega, pues solo se observaban dos rayas delgadas en vez de ojos. Pero cantaba muy bonito. Los niños menores empezaron a llorar de verdad, como bebés de verdad. Los brazos de la abuela adquirieron un gesto compasivo y el canto era enternecedor, medio lastimero. A medida que cantaba, los niños empezaban a dormitar. La niña, que se había escondido detrás del montón de leña, tomó el tizón y en cuanto Motsotondó tomó al menor de los hermanitos para amamantarlo, la niña clavó ese tizón de leña en el pecho de Motsotondó. Los niños se desprendieron como pudieron de los brazos de esa comadre y tropezándose y llorando ayudaron a arrojar tizones ardientes al pecho de Motsotondó. Hubo gritos y llantos y alaridos. Era como si con cada tizón que se arrojaba sobre el cuerpo de Motsotondó saliera uno de los llantos de un bebé que no pudo llorar a tiempo. El pecho de Motsotondó pronto empezó a vomitar barro grisáceo, luego barro rojizo, y finalmente barro negruzco. El cuerpo de Motsotondó yacía en el piso y parecía una montaña, como un volcán, del que se expulsaban desaforados trozos de barro y unas piedras pequeñas de distintos colores. Por eso es que la tierra tiene distintos colores y por esa razón algunos suelos son más propicios para sembrar mientras que otros son huellas sagradas de la sangre de Motsotondó. Allí donde ella murió se formó primero una planicie y luego se convirtió en un lugar protegido por otros espíritus. Se dice que existe por ahí en medio de la selva, pero realmente nadie ha podido ir allí y volver con vida. Por lo menos nadie ha ido para contar la historia.

Después de lo sucedido y orgullosos de la hazaña, los niños fueron en búsqueda de sus padres. Les contaron lo que había pasado, pero sus padres, aún enguayabados, no les creyeron y por el contrario los castigaron y siguieron tomando chicha. Insatisfechos, los niños se fueron a otro lugar donde los adoptaron y contaron la historia. Para evitar un nuevo castigo aprendieron las costumbres y el idioma de la familia adoptiva. Jamás volvieron a hablar de sus verdaderos padres, sus ancestros, pero nunca los olvidaron.

Después de contar la historia, la abuela dijo que, si con ello no se comprendía el sentido de lo ancestral, era difícil explicar de otra forma. Sin embargo, como creo que la mayoría de quienes estábamos allí guardó un silencio escéptico, la abuela comentó un poco el sentido de ancestralidad de las historias. Dijo que hay historias que son como regalos y que no son tan fáciles de explicar. Comentó algo que ahora juzgo filosóficamente significativo.

Los relatos de ancestralidad en el sentido de la abuela explican el proceso de formación y afirmación de formas existenciales primigenias, como los dioses, los héroes y los nombres de los sitios sagrados que demandan formas narrativas más complejas que aquellas que cuentan el drama humano. Se trata de narrativas que se adquieren como un don de la misma existencia, como si tales existencias primigenias a veces se manifestaran más intensa y plenamente. Es por eso que la abuela dice que saber narrar las historias de las existencias ancestrales es también un don. Surge de un acto que puede desafiar la comprensión humana en cuanto no depende mucho de que sea alguien especial quien pueda narrar. No obstante, siempre hay personas guardianas de esas formas narrativas, de esas formas de contar los relatos ancestrales. Pocas son en cambio las personas y las generaciones que tienen suficiente paciencia para escuchar atenta y pausadamente. Y para pensar en ellas. Distraídas por los afanes más modernos, las historias ancestrales se difuminan en o se restringen a la esfera humana, a una modalidad existencial que olvida sus orígenes y vínculos con otras formas existenciales que la anteceden y la trascienden.

Un rasgo distintivo de la modalidad ancestral es que la existencia y sus relatos se manifiestan como un don, como un acto sagrado. Puede manifestarse al río, a una planta, a una piedra, al trueno, al relámpago, a la anaconda o al jaguar. Dotadas de sacralidad, estas existencias primigenias dejan huellas, lenguajes variados, o sitios sacros que se constituyen en gestos intensos de manifestación de la abundancia existencial. Es como si la abundancia existencial escogiera algunos entes para expresarse mejor. Una entidad a quien lo sagrado le permite una participación así adquiere también una dimensión sacra y puede contar su experiencia participativa en variados lenguajes. No es fácil pensarlo, pero la montaña puede contar su participación en el mundo de lo sacro variando sus cantos o protegiendo un sitio. Sí, en efecto es difícil pensar que una montaña pueda cantar, pero eso es más por la costumbre que tenemos de atribuirnos características específicas y no aguzar el oído a otros sonidos. El canto de la montaña es por supuesto un canto ancestral. También lo es su llanto. Lo mismo ocurre con el agua, con el río, con el colibrí, con la anaconda o con el jaguar. El río puede manifestar sus signos de participación en lo sacro intensificando o moldeando algunos de sus cauces o agudizando sus sonidos en noches de plenilunio. Una anaconda o una planta pueden manifestar lo sacro separando su hábitat del hábitat humano. También lo puede hacer revelando su presencia en un ritual. El colibrí puede llegar cuando aún no es su temporada. O pueden aparecer esos entes en los sueños de alguien. En todos estos casos, lo que importa es reconocer que las configuraciones existenciales no son asunto exclusivo de los humanos. Por supuesto, los humanos creamos también nuestras narrativas y con ello configuramos la existencia.

Atribuir una narrativa especial para el drama humano parece comprensible y la abuela hacía parecer la modalidad narrativa humana más cercana. Cualquiera puede asombrarse de las narrativas bien contadas que intensifican las formas de sentido existencial de otros seres humanos. Son narrativas familiares, cercanas, y en cierto sentido universales, como los relatos de Ulises, las tragedias griegas, o los dramas del Güegüense. Son relatos un tanto cercanos y más familiares que aquellas narrativas más ancestrales que describió la abuela al principio. Sin embargo, cuando habla del ámbito de lo humano la abuela hace una pausa. Se detiene como si fuera mejor no decir todo, como si no estuviera segura de los efectos que pueda tener su palabra. Espera un rato y cuando percibe que la tempestad de la selva se apacigua, la abuela explica que, en modalidad narrativa del drama humano importa precisar que la existencia es un don y la narrativa de ese don un arte. Esto significa que aunque la manifestación de lo sagrado al ámbito de lo humano no dependa de un ser humano específico, la capacidad de narrar en ese ámbito es asunto exclusivo de lo humano. Pero que al ser un arte, es preciso tener un gesto de responsabilidad por la palabra dicha.

Los años de reflexión han llevado a que la abuela cuide sus palabras. Sabe que una narrativa inadecuada o hecha con la intención de engrandecer el protagonismo personal en la manifestación de lo sagrado en la dimensión humana puede contribuir no solo a distorsionar el sentido mismo de lo sagrado sino fundamentalmente a hacer que lo humano pierda su horizonte y empiece a labrar un camino hacia su propia e inexorable destrucción, hacia su propio olvido, pues el olvido de los vínculos con otras existencias es una forma de ruptura con la existencia. Aunque los términos que ella usa para esta explicación están en singular, es claro que ella se refiere a las formas de olvido comunitario. Y es también claro que se refiere a las formas de olvido comunitario indígena. Esto es claro porque dice que esta forma de olvido comunitario es la que ha contribuido a que algunas de las nuevas generaciones de una comunidad indígena olviden pensar con sus tierras y con las historias de sus ancestros. Y es la que explica las fragmentaciones comunitarias que algunas comunidades indígenas, incluyendo la suya, han experimentado en los últimos años.

Ya a punto de amanecer la abuela atiza el fogón y cuenta una última historia, esta vez una historia familiar, dolorosamente cercana. Dice que es la historia de Lucho, el último de sus nietos, una historia que le ha permitido reflexionar sobre los receptores de su mensaje y las historias que ella conoce.

Con la esperanza de un porvenir con mayores desafíos, Lucho, el último de los nietos de la abuela, salió hace años del municipio de San Sebastián hacia el extranjero. En su infancia, Lucho escuchaba que migrar era una experiencia de aventura. Permanecer un tiempo en un mundo lejano confería una habilidad especial para varias formas de trueque, negocios y compadrazgo. Volver a la comunidad después de una experiencia migratoria preparaba el espíritu para transar en mundos incompatibles, no tan difíciles como aquellos de los taitas chamanes, los que viajan al mundo ancestral, al mundo del más allá, y vuelven. Los mundos que unían los chamanes eran espiritualmente distintos aunque culturalmente similares. Los mundos que le contaban a Lucho eran, por decirlo de alguna manera, mundos culturalmente distintos aunque yacían en el mismo ámbito espiritual.

Siendo ya joven Lucho salió a probar suerte. No estaba dispuesto a tomar parte en las gestantes disputas internas de su comunidad, cuando la mayoría de los más viejos avergonzaba a los jóvenes por su incapacidad para mantener las costumbres intactas, aquellas que dictaban una excepcional fortaleza para ir a misa cada domingo, cortar la leña, rastrillar la maleza, arar el suelo, ir al colegio de los blancos, sembrar y negociar el ganado. Lucho, como muchos de su generación, había aprendido en el colegio de los curas marxistas de la zona —así llamaban a los curas que se habían tomado en serio la teología de la liberación de Gustavo Gutiérrez— que tanto las vacas como la misa eran costumbres naturalizadas hoy, pero impuestas en el pasado a látigo y sangre a los abuelos y padres. Los más antiguos de los antiguos, como la abuela, trataban sin éxito de conciliar esas disputas recordando algunas de sus venerables historias. Pero eran voces solitarias que no parecían tener eco alguno. Por ello, aunque Lucho había escuchado muchas veces a la abuela, decidió irse cuando pudo.

Durante muchas noches que pasó en Caracas, Asunción y Buenos Aires, su nuevo hogar, su nueva casa, Lucho recordaba las historias de la abuela y un día decidió volver. A su regreso a la comunidad contaba con cierto orgullo las vicisitudes y experiencias de sus viajes. Se decía de él que había adquirido una especie de sabiduría mundana que le preparaba para liderar los rumbos de su comunidad. Su entorno sin embargo se batía en una disputa más aguda. Disfrazando intereses comunitarios con personales, nuevas generaciones se hacían pasar por las auténticas voces de la comunidad. Los más jóvenes se creían más ancestrales que los mismos ancestros. Unos se reunían y comían en las mismas mesas que los grandes terratenientes. Se vestían con los antiguos trajes, pero se olvidaban de su significado. Unos incluso hablaban del territorio y de la Ley de Origen sin comprender su significado, como cuando la gente dice que algo es filosófico sin entender qué significa «filosófico». Todo esto ocurría según la abuela porque se había olvidado el sentido del territorio. De hecho, hablar de territorio en una pura abstracción es una forma de olvidar las tierras. Tras varios intentos fracasados de conciliación, Lucho decidió salir nuevamente de su comunidad y dejar en canciones las historias de la abuela, confiando en que su mensaje llegue a quien tenga que llegar, fuera de la tierra que lo vio nacer, pero en la misma Pacha, el gran territorio que le confiere sentido a la existencia. Con un gesto de ironía y nostalgia, la abuela concluía que hoy era difícil saber quién estaba ahora más lejos o más cerca de las tierras indígenas, su nieto o los líderes de su pueblo. Decía que abundaban hoy imágenes de lo indígena tanto para sorprender como para avergonzar y que la de Lucho podría ser cualquiera de ellas.

Ya con la luz del bello amanecer la abuela nos recordó quiénes debíamos ir a la chagra y quiénes al río, a pescar.

*

Años después de aquella conversación con esa abuela, viajé a Mitú para encontrarme con un amigo que me invitó a pasar unos días en su casa tras escuchar el relato de un fracaso amoroso mío. Se trataba de un caso típico de amor no correspondido que me había tomado en serio, de esos que cualquiera debe permitirse por lo menos una vez en la vida. A los ojos de mi amigo, yo estaba en necesidad de un sabio consejo de su tío, el Capitán de su comunidad. Una llana sinceridad acompañó las primeras palabras del Capitán cuando dijo que debido a que ninguno de los dos era competente en el idioma del otro, hablar en español era lo más adecuado. El sabio consejo que recibí del Capitán comenzó cuando él cuestionó la premisa que escondía mi drama, la de haber asumido que mi existencia importaba mucho en un asunto que según él era bueno y bello en sí mismo. Él estimaba el horizonte del amor como perteneciente a una dimensión sacra, cuya manifestación no se puede confundir con el deseo inmediato de correspondencia. Para hacer comprensible esta manifestación, el Capitán me pidió no pensar el asunto en el español que con frecuencia y por su uso práctico hace sinónimos el don y el regalo. En mi pueblo, decía el Capitán, como seguramente sea en muchos pueblos, hay una diferencia entre don y regalo. Regalo entraña correspondencia y en algunos casos intercambio. Es un bello gesto de reciprocidad, pero no es lo mismo que un don. La gente regala esperando algo recíproco o por lo menos lo hace en amable retribución a lo que supone haber recibido previamente. Don, en cambio, supone una dimensión distinta, primero porque se manifiesta casi de forma inesperada y segundo porque no es claro que esté condicionado por una retribución previa o que espere algo a cambio. Simplemente se manifiesta. Así, mientras el amor sea parte de la dimensión sacra de un don, es impropio esperar que suceda como uno quiera, que sea alguna persona específica o suceda en un momento específico de la vida. Más aún, es incluso vano esperar que le suceda a uno. Lo que requiere es apertura, disposición para ser recibido cuando llegue. Recuerdo haberle confesado que su conceptualización no resolvía asunto práctico alguno y que solo parecía expresar un enguayabado idealismo, una limitación vital condicionante de los afectos variados, las historias concretas y las razones generacionales que podrían enseñarnos sobre la complejidad misma del amor, tema del que —esas fueron mis palabras— no hay una última palabra. Puede que el amor sea un asunto sacro y tal vez sea digno del ámbito puramente ideal. Pero en la vida es preciso aprender también de lo que no es tan sacro. Admitía el Capitán que para efectos prácticos y de aprendizaje era razonable a veces pensar y vivir el amor como si fuera un regalo, como una forma de intercambio. Pero acentuaba que una cosa era la decisión personal y otra la comprensión de lo que entraña el amor. Debo admitir que su consejo no me fue tan claro ni significativo en su momento y que él parecía notar mi escepticismo. Con un gesto comprensivo, me propuso entonces conversar un buen rato de la correlación entre mi olvido sobre lo sacro del amor y el olvido territorial. A sus ojos yo pertenecía a una generación, como la de muchos de los de su pueblo, que estaba al borde de un olvido del sentido territorial, del olvido de los grandes relatos cosmogónicos. Al principio, esa correlación se me antojó un tanto extravagante, pero su conversada argumentación me resultó iluminadora para pensar en la idea de olvido territorial que por entonces me inquietaba.

Algunas cosas que me decía el Capitán me recordaban a lo que la abuela de Yurayaku había insinuado en la historia de Lucho. Lo del Capitán, no obstante, me resultaba más cercano. De acuerdo con el juicio del Capitán, una de las manifestaciones más fuertes de olvido territorial surge cuando las personas a quienes lo sagrado se ha dado más intensamente prefieren anteponer sus propios intereses personales o su propio criterio en lugar de hacer que lo sacro hable por ellos. A usted le pasa lo mismo con el amor, me dijo el Capitán, pero es claro que el asunto aquí no es el amor, sino el vínculo con la existencia, con lo que somos en el gran cosmos, en el universo grande en el que habitamos. Y, puesto que lo que somos como indígenas en Colombia está hoy tan permeado por el cambio constitucional de 1991, era preciso detenerse allí, porque irónicamente ese cambio había contribuido a exacerbar una forma de olvido.

Como líder comunitario en los últimos treinta años, el Capitán había experimentado lo que otros han consignado como críticas a la representación política indígena en, por lo menos, las dos últimas décadas.

El significativo cambio político en la década de los noventa en Colombia y en buena parte de Latinoamérica sobre la democratización política en las altas esferas gubernamentales hizo visible en la sociedad el rostro y la voz de personas indígenas. Tensionó buena parte del legado colonial según el cual alguien indígena debía permanecer en los confines geográficos, en la montaña, el desierto, el río y la selva. Después de la década de los noventa se observaba con una atención distinta a quien llegara a una ciudad capital ataviado con plumas, mochilas o sugerentes trajes folclóricos. Se empezaba a gestar una valoración distinta de lo indígena, una que de alguna forma reforzaba lo exótico del imaginario colonial. Se valoraba más una presencia indígena que profundice en una espiritualidad distinta sin que cuestione la estructura social que hace posible esa diferencia. Era bienvenida la presencia indígena que no cuestione ninguna estructura de poder o que no dispute el legítimo e igualitario espacio en la política, la economía, la academia o la ciencia. En parte esa era la apuesta por el multiculturalismo. Era claro que la presencia indígena en el mundo social se estimaba con mayor ímpetu si se acomodaba a lo establecido. De eso se trataba una parte del cambio constitucional que ahora requería evaluarse críticamente por su lado grisáceo, decía el Capitán.

Ese aspecto torvo del cambio constitucional que el Capitán subrayaba se manifestaba en una suerte de olvido territorial que el mismo cambio gestaba. Esto era claro para él cuando observó que el deseo de representación que algunos indígenas empezaron a enfatizar excesivamente eclipsó la preocupación por lo colectivo comunitario y por la casa común planetaria. El diagnóstico sin embargo no solo ofrecía un panorama desalentador. En los casos en los que la representación política estaba profundamente vinculada con el bienestar colectivo, con la conciencia del protagonismo de la tierra, que alcanzaba las dimensiones existenciales no exclusivas de lo humano, no hubo una ruptura temporal con el ámbito de lo sacro, con esas existencias y narrativas de los seres primigenios que se relatan en las cosmogonías. En esos casos, el cambio constitucional era una oportunidad de aprendizaje en torno al cuidado territorial. Hubo en esos casos reconfiguración de algunas narrativas y remembranza de las más antiguas. Fue necesario reunirse a interpretar las historias antiguas a la luz de los desafíos modernos. Fue necesario aprender cuidadosamente de las leyes creadas por el mundo no indígena, como en su momento lo hizo Quintín Lame en el Macizo colombiano y antes de él, el Cacique Tamabioy en el Putumayo, para usar la ley blanca en favor de las tierras indígenas. Y también fue necesario escuchar más atentamente voces como las de Martín Hildebrand, a quien el Capitán decía conocer de oídas. Se hizo además imperativo retomar la esencia, el contenido de una historia y la responsabilidad de narrarla. Cuando los sonidos ancestrales de la maloca aún se escuchaban, cuando los páramos y las montañas aún se constituían en protagonistas de las tierras indígenas no hubo una ruptura de la fuerza de la anaconda ni del río ni de la montaña. En esos casos, se esperaba que la ley blanca, la ley escrita, converse con la Ley de Origen, la ley más antigua, que enseña que en cada persona hay un sentido de justicia que está relacionada con el cuidado de la existencia. Cuando el agua seguía siendo vida y la sangre de la tierra no se confundía con el petróleo, se esperaba aún que las voces indígenas defiendan la tierra y no sus intereses más inmediatos de reelección política. Se confiaba en que mientras las hojas de coca sigan siendo medicina —y no una hoja que se cultiva talando bosques para después rasparla de sus ramas, amontonarla, pisotearla con una mezcla de cemento o sal, y después, tras una separación con amoniaco y gasolina, vender ese polvo blanco en empaques de plástico— el eco de una voz en favor de las tierras colectivas no se pierda en el protagonismo político indígena. Eso era claro en la cabeza del Capitán. Lo que a él le preocupaba era sin embargo que el cambio constitucional parecía en parte diseñado para que se apaguen las voces comunitarias y se encienda la llama del protagonismo individual.

De acuerdo con el diagnóstico de ese Capitán, cuando el ruido más efímero del nombre propio, el de la representación individual que se servía en bandeja blanca y se adornaba con varios trajes sobre cuerpos indígenas, se impuso por doquier con la fuerza y vivacidad sobre el sentido colectivo de la existencia, fue habitual que se olvidara ese vínculo relacional con otras existencias. El lenguaje burocrático, denso y sin vida, como el que se escribe en esos documentos de políticas públicas, empezó a reemplazar el compromiso de la palabra. A la palabra ya no se la cuidaba. Cuando se empezó a preocupar más por el traje que por el mensaje, la palabra se eclipsó. Una semilla de soledad humana se gestó en el corazón de muchos. Hubo quienes llenaron ese vacío de sentido con ruido, plata y fama. Y empezaron así a labrar un camino de olvido territorial. Por esta razón, retomar en serio los vínculos con los lugares, con las cosmogonías de los pueblos, volver a narrarlas, es reencontrarse con las raíces. Y es urgente, decía el Capitán. Y ¡no!, ¡no es volver a un pasado! —enfatizaba—. Es narrar lo existente para interpretar mejor el presente. Es sanar y atar nuevamente el vínculo roto que ponía un excesivo énfasis en la representación política individual.

—Mire que usted —me dijo el Capitán al final de su largo monólogo, que yo escuchaba mientras disfrutaba de mambe y ambil, como haciéndome partícipe del problema que señalaba— tiene algo de ese énfasis individual cuando cree que el amor por el que ha sufrido le debe corresponder y que debe ser para usted. Haga de cuenta que usted parte de la misma idea equivocada que dice que uno es el protagonista principal de algo que es un don y requiere cuidado. El amor es sagrado y es un don lo mismo que nuestras tierras. Es nuestro deber cuidarlas, pero no debemos esperar que sea para nosotros de forma exclusiva y solo cuidarlas por ello. Es preciso entender que el amor, lo mismo que nuestras tierras, son dones sagrados y que su cuidado no implica nuestro beneficio inmediato.

El sombrío diagnóstico del Capitán del Mitú coincidía con buena parte de la documentación crítica del multiculturalismo que se ha publicado en Latinoamérica y que sugiere que la necesaria representación política no se ha traducido en una mejoría sustancial de las condiciones materiales de vida de la mayoría de las personas indígenas.[1] La revista *Nature* reveló en 2021 que el 60% de la población indígena en Colombia vivía con menos de seis dólares al día.[2] Entre buena parte de la juventud indígena existía un sinsabor respecto al liderazgo político indígena que se fundamentaba en el trabajo comunitario, en el compartir y caminar con la palabra, pero que parecía coexistir con un sistema de desigualdades sociales y económicas. El Capitán del Mitú no tenía esas cifras, pero sabía, como muchos saben, que las consecuencias para la vida de las condiciones materiales contribuían al suicidio juvenil indígena en la Amazonía colombiana, el más alto en la historia reciente de Colombia. Él tenía sin embargo una esperanza en organizaciones juveniles.

✳

Por un buen tiempo pensé que la esperanza del Capitán provenía de ese tipo de optimismo ciego que se usa para no paralizar el pensamiento o la acción. Como si él confiara en que se puede reconstruir un cristal roto a partir de sus fragmentos. En visitas a varios lugares constaté que algunos colectivos en búsqueda de

1   Véase por ejemplo el caso boliviano, Matthew Doyle, «Can states be decolonized? Indigenous peoples and radical constitutional reform in Bolivia», *The Journal of Peasant Studies*, vol. 51, 1 (2024), pp. 166-184.
2   Ocurre algo similar en Ecuador, Panamá, Brasil, Perú y México. Cf. Emiliano Rodríguez Mega, «How the mixed-race myth warped science in Latin America», *Nature*, vol. 600, 12 (2021), pp. 374-378.

armonía comunitaria terminaban silenciando a otros que a su vez se convertían en nuevas agrupaciones que replicaban la misma lógica de quien los silenciaba. Los nuevos silenciados a su vez decidían formar nuevos colectivos con similares intereses que nuevamente silenciaban a otros y así sucesivamente, como si el énfasis en la armonía comunitaria terminara haciéndose añicos en pequeños fragmentos. Un ambiente de mutua desconfianza parecía reinar por doquier. Por un buen tiempo me pareció que en la juventud indígena la situación parecía más desoladora. Luego comprobé que mi diagnóstico era también limitado y que quizá el Capitán tenía algo de razón en su esperanza de reconfiguración del cuidado territorial.

Una frágil chispa de optimismo provenía de varios grupos de jóvenes de mingas comunitarias del macizo colombiano y en las costas del Pacífico. En conversaciones variadas que tuvimos en esas zonas montañosas y en las riberas de los ríos se cernía un espíritu inquisitivo, abierto, crítico y compasivo de sus realidades políticas inmediatas. Era claro que importaba una revisión cuidadosa de los motivos que alentaban la representación política regional y nacional. Se veían con algo de preocupación las divisiones comunitarias internas, las disputas intergeneracionales y el sentido mismo de identidad social. También se discutía el sentido de la existencia indígena, su historia, su memoria y su olvido. La conversación sin embargo era insuficiente. Se requería hacer con las ideas lo que uno hace con las semillas: cuidarlas, sembrarlas, y siguiendo el ejemplo de los ancestros que no han olvidado los vínculos con el gran cosmos, hacerlas partícipes de la minga.[3]

La minga evoca trabajo comunitario. Cuando se llama a la minga se sabe que hay que labrar la tierra, construir una casa, limpiar el rastrojo y arar el campo fértil. También se requiere llevar chicha, leña y todo lo necesario para el almuerzo y la merienda. Cualquiera que haya mingueado sabe eso. En la minga se aviva el íntimo compromiso particular de unificar esfuerzos para un propósito común concreto. Quienes participan saben que en la minga se recuerdan episodios graciosos y tristes de una minga pasada o de una imaginada. Muchos amoríos empiezan en la minga, aunque muy pocos se consolidan. Algunos refranes cambian de sentido a fuerza de su uso. Los dramas existenciales se cuentan y de a poco se va tejiendo una memoria colectiva que busca un bienestar en construcción, como si con el trabajo se diera vida a una conciencia histórica de un grupo. En la minga se intercambia alimento y bebida, se canta, se baila, y se piensa y habla con cuidado. Entre el chiste y el chisme se aprende a distinguir lo trivial de lo significativo. Mientras se labra se pregunta por

3   Como práctica comunitaria, la minga tiene una historia americana que probablemente proviene del ayllu, una forma de organización social del mundo incaico. Sin embargo, varias comunidades indígenas andinas tienen su propia forma de organización comunitaria. Para una historia de la correlación entre el ayllu y la minga véase Ariruma Kowii, «Visión cultural del mundo andino: el caso del pueblo kichwa», en Rafael Gonzalo Angarita Cáceres (ed.), *Filosofía y Sabiduría Ancestral*, Santander (Colombia), Universidad Industrial de Santander, 2015, pp. 122-125.

los sueños y por las expectativas. Se trabaja para vivir bien y se vive para pensar bien y trabajar mejor.

A quien tenga una propensión a ideas más abstractas podría decírsele que la minga tiene un distintivo significado filosófico porque en ella confluyen la teoría con la praxis. Podría agregarse que de esa confluencia emerge una conciencia colectiva particular que se va construyendo, como un tiempo presente que se configura extendiéndose indefinidamente. Y podría indicarse que es precisamente ese estar siendo presente el que hace que participar en la minga se constituya en una acción transformadora. No serviría de nada por ello participar en la minga si todo ya estuviera determinado. Si ya está todo dado no hay posibilidad de transformación con la acción. Pero también sería extraño participar en la minga con el temperamento de quien espera resultados inmediatos o acciones sin mediación reflexiva. Por eso la minga comunitaria, como espacio de reencuentro con el pensamiento y la acción, es un gesto de la vitalidad del pensamiento indígena. Quienes no hayan participado en actividades de minga se imaginan erróneamente que en los pueblos donde se practica la minga hay una nostalgia por el pasado, una reverencia incuestionada a las autoridades y una preocupación excesiva por lo colectivo.

Una de las más significativas enseñanzas de las mingas juveniles en las que participé fue el cuidadoso cuestionamiento que se hacía hacia la sabiduría de los pueblos protegida por algunas personas. Se sabía que en cada pueblo hay personas sabias que reciben distintos nombres en cada comunidad. El presente político, sin embargo, hacía difícil distinguir con nitidez la sabiduría de la insensatez de las personas. La lectura que algunos jóvenes indígenas realizaban en torno a la sabiduría de las personas en las comunidades planteaba un dilema sugerente: o bien existían personas sabias que habían tomado la difícil decisión política de llevar su sabiduría a la tumba esperando revelarla en los sueños a otras generaciones o bien las personas no eran plenamente sabias como a menudo se había creído. Este dilema se planteaba justamente al evaluar la creciente distancia comunicativa entre los más ancianos de los ancianos y los más jóvenes. El diagnóstico no era simplemente de ruptura generacional. Se trataba además de una ruptura del significado de qué se está entendiendo hoy por ser indígena. Era algo así como una ruptura de un sentido teleológico existencial. De acuerdo con esa lectura interpretativa, cada vez más jóvenes encontraban menos convincentes las narrativas, prácticas y formas de vida de los más ancianos. Ello también explicaba por qué se hacían tan variadas mingas, unas solo de más ancianos y otras más juveniles. Se escuchaba que los más ancianos juzgaban las nuevas generaciones con severidad. Decían por ejemplo que no solo los jóvenes no comprendían el sentido ancestral de la existencia en sus tierras, sino que parecían como foráneos que tras repetir unas cuantas palabras nuevas creen que aprenden el sentido de un nuevo idioma. Tales juicios para los jóvenes no eran motivo de desesperación o de fracaso comunitario. Aunque dolorosa, era una situación que requería atención y cuidado. No se ganaba nada con idealizar un pasado ancestral o con imaginar un futuro sin fisuras. Aceptaban por ello que era comprensible si los más ancianos ya habían tomado la decisión política de reservar su conocimiento y llevarlo consigo al panteón. Si a la luz de los ancianos ya no valía la pena que las nuevas generaciones continuasen los caminos ancestrales no era preciso insistir en la búsqueda de tales conocimientos. Después de todo, también los jóvenes habían aprendido de los más ancianos que no todo conocimiento es adquirido y que cuando la gran madre tierra prefiere ocultar sus signos no es conveniente desesperarse. Ella tendrá también sus motivos, por más que resulten contrarios a las inmediatas expectativas. Según esta línea interpretativa, era comprensible aceptar las consecuencias de la primera parte del dilema.

Por otra parte, existía la posibilidad de que la generación más antigua no fuera la depositaria de la sabiduría plena. Esta posibilidad no implicaba un amargo cuestionamiento o sojuzgamiento hacia los ancianos. Se trataba más bien de un reconocimiento de que la sabiduría humana era limitada y de que saber algunas cosas no equivalía a saberlo todo. Era parte del sentido comunitario forjado precisamente en varias mingas. Parte del límite de la sabiduría precisamente estaba en que la generación de los más antiguos no comprendía las inquietudes e intereses de los más jóvenes. Nuevamente, esto no se debía a un cambio generacional. Obedecía a que el sentido mismo de la existencia demandaba una disposición política distinta para atender el presente humano. Si para las generaciones anteriores quedarse en el lugar de nacimiento y atender a las necesidades más urgentes era una opción clara de supervivencia cultural y política, una forma de resistencia, para las nuevas generaciones, afectadas directa o indirectamente por una fuerte ola de globalización, de intensa crisis ambiental, de desigualdades profundas de género, no era tan clara la opción de permanecer recluidas y seguir las costumbres antiguas. No es que en ellas no se encuentren signos de sabiduría. Era que no todo estaba dado y era necesario tener una mirada más amplia.

No es que el mundo moderno hubiese seducido al alma juvenil indígena. Era claro que los impactos de la globalización tocaban las puertas de sus casas y sus vidas. La tarea entonces consistía en reorganizarse y repensarse, una tarea que a su vez no anulaba la posibilidad de narrar nuevamente las historias antiguas. Era posible que, en una relectura de tales historias, en los mensajes aún por codificar se encontraran algunos intentos de respuesta. También era claro que estas relecturas no excluían conversaciones con otras comunidades, otros grupos poblacionales y otras personas que tuvieran un interés similar en la defensa y cuidado del territorio, en el sentido amplio que entraña tal concepto. Era claro que se requería mantener el espíritu de la minga y reencontrarse en ella. Era claro que la reconfiguración de la minga no implicaba su radical transformación. No se podían olvidar las numerosas fuerzas que voluntariamente se unían al trabajo comunitario cuando se llamaba a una minga. No se podían olvidar algunas prácticas agrícolas diseñadas para el abastecimiento de la comunidad. Tampoco podían olvidarse las prácticas de intercambio que se gestaban mientras se araba la tierra o se distribuían las cosechas. Precisaban recordarse las formas de conocimiento agrícola que se transmitían cuando se preguntaba por la regularidad de los cultivos, los éxitos y fracasos en la combinación e hibridación de semillas. Era claro que esas prácticas de la minga no requerían mayor transformación. Se requería en cambio una mayor escucha a las preocupaciones e intereses, justificados o no, de las nuevas generaciones. Se podía combinar el azadón con el lápiz, el intercambio de la palabra antigua con las inquietudes juveniles. Era preciso releer a Quintín Lame, no para imitarlo, o para vaciar de contenido su mensaje a fuerza de repetirlo. Se requería volver a leerlo para comprender que es la tierra, y no él, quien protagoniza la acción colectiva. Se proponía leerlo para dejar claro que la defensa de la tierra no supone una competencia sino una acción colectiva de cooperación constante por un mundo en el que nuestras heridas, reales, imaginarias, históricas y heredadas, no sanen lacerando la tierra.

✳

Tanto la narrativa de la abuela, como los comentarios del Capitán y el trabajo comunitario de mingas juveniles de pensamiento eran signos claros de la vitalidad de un pensamiento filosófico. Mi interpretación de la tensión entre formas de vida más antiguas y los desafíos del presente en las historias que mencioné podría comprenderse mejor con el concepto de relacionalidad, ampliamente discutido Mattew Wildcat y Daniel Voth, profesores indígenas norteamericanos. De acuerdo con Wildcat y Voth, la relacionalidad es a la vez una forma de pensamiento crítico indígena y un concepto útil para la construcción de conocimiento en comunidades indígenas.[4] Aunque se enmarcan en el pensamiento indígena norteamericano, la argumentación de esos profesores puede extenderse a otras experiencias indígenas como las que referí a comienzos de este ensayo. Como pensamiento crítico, la relacionalidad implica una cuidadosa revisión de la forma como están distribuidas las relaciones de poder dentro de las comunidades. Cuando la preocupación de unas pocas personas silencia gradualmente las preocupaciones de una generación dentro de una comunidad hay una distribución asimétrica del poder de la palabra. Al mismo tiempo, hay una forma de olvido de la responsabilidad que implica el poder de la palabra, pues como lo sugería la abuela y lo confirmaba el Capitán, a mayor poder de la palabra mayor es la responsabilidad de enunciarla. Olvidar esa responsabilidad constitutiva del poder de la palabra es olvidar el territorio.

✳

Por azares inexplicables de la vida, me encontré una vez con la abuela de Yurayaku en Yunguillo, en el Putumayo. Mi llegada a Yunguillo era el resultado de una frustración por mis reiterados aplazamientos de una

---

4   Cf. Matt Wildcat y Daniel Voth, «Indigenous relationality: Definitions and methods», *AlterNative: An International Journal of Indigenous Peoples* 19/2 (2023), pp. 475-483. https://doi.org/10.1177/11771801231168

toma de yajé en Villagarzón, en otra zona de Putumayo. Debido a unos deslizamientos de tierra en la vía
que conduce de Sibundoy a Villagarzón tomé camino
por una vía alterna y llegué a Yunguillo donde vivía
un conocido mío. Mi plan inicial era pernoctar un
par de días y tomar la ruta hacia Florencia y luego de
regreso a Bogotá. Sin embargo, en Yunguillo me encontré con la abuela de Yurayaku que visitaba a unos
de sus familiares. Aún conservo un rubor de vergüenza
cuando describo que la abuela opacó mi entusiasmo
al decirme que no me recordaba. De acuerdo con
ella, su memoria estaba más ocupada con transmitir el
mensaje cuando sea la ocasión a cualquiera que pueda
escuchar que en recordar cuántas personas conocía.
Me dijo que de todas formas no me tome el asunto
de forma personal, pues a estas alturas, si entendí bien
el mensaje, ya no debería importar mucho quién habla
sino cuál es el mensaje. Justo por esa razón aproveché
a preguntarle si ella consideraba que tenía un poder
especial para contar historias, pues las suyas me habían
impactado tanto que pensaba tenerlas para mí. Fue
como resultado de esa pregunta que me sugirió pensar
en una sutil pero interesante distinción entre el poder
de la palabra y el poder de las personas. De acuerdo
con ella, cuando se entiende que es la palabra la que
tiene el poder y no las personas, se puede comprender
mejor el mensaje y transmitirlo con mayor responsabilidad. En cambio, cuando el poder está en las personas,
la palabra pierde su valor y se pueden no solo olvidar
las historias que importan sino olvidar las tierras que
les dan sentido y labrar un camino en donde las per-

sonas se atribuyen un valor excesivo a sí mismas. No era que las personas no importen. Por supuesto que el cuidado de las personas era también un cuidado de las tierras. Sin embargo, cuidar el poder de la palabra era más importante para la narración de las historias. Por esa razón la pregunta no era tanto si ella tenía un poder especial de contar historias sino si las historias que ella contaba tenían el poder de cuidar las tierras. O por lo menos de no olvidarlas.

La distinción trazada por la abuela muestra que las relaciones asimétricas del poder de la palabra en una comunidad son indicativas de la transposición del poder de la palabra al poder de las personas. Examinar críticamente esa distribución de poder es reevaluar las actitudes individuales y colectivas respecto a los sentidos de existencia humana que se narran y aquellos que se silencian. A eso se refieren también los profesores que cité en el apartado anterior cuando señalan la utilidad del concepto de relacionalidad en la construcción de conocimientos en comunidades indígenas. Para el caso de las brechas intergeneracionales esto supone tener una mirada atenta y compasiva hacia las generaciones que se van de una comunidad. Implica reconocer que algunas personas se van de la comunidad, no solo por las razones conocidas de violencia sobre las tierras indígenas por agentes legales e ilegales de la sociedad civil, ni solo porque el mundo externo ejerce una fascinación, sino también porque las generaciones más antiguas no hemos sido capaces de enseñar adecuadamente el valor y el cuidado de la tierra. De algún modo esa era una de las enseñanzas de la abuela de Yurayaku, del Capitán del Mitú y de los jóvenes mingueros. De acuerdo con mi interpretación de aquellos relatos, las formas de olvido territorial y las posibilidades de reencuentro pueden avivarse haciendo más nuestro el sentido de relacionalidad que exponen Wildcat y Voth. Para los propósitos de este ensayo no importa mucho si el concepto de relacionalidad está o no presente en las comunidades. Lo que significa la relacionalidad indígena, entendida como un supuesto que aviva la discusión crítica dentro de las comunidades, está presente cada vez que dentro de las mismas comunidades se hace un esfuerzo significativo de no dar todo por sentado, de preguntar y preguntarse por los sentidos mismos de la existencia, por aquellos que se continúan narrando y por aquellos que parecen estar al borde del olvido.

La preocupación de la abuela de Yurayaku en torno al énfasis excesivo del ámbito humano que labra el camino de ruptura y olvido de otras formas existenciales —aquellas más primigenias— en tierras indígenas puede bien interpretarse como una preocupación por no haberse tomado en serio la relacionalidad. Haberse olvidado de que la existencia humana es una manifestación de la existencia en general implica haber ocultado un sentido de relacionalidad con el cosmos. Mantener un vínculo con otras formas existenciales —narrar ese vínculo con cuidado— significa entender que la existencia humana no es lo único que importa, aunque importa mucho. Ese reconocimiento es a su vez una forma de humildad de los límites de la sabiduría humana que se traduce en una búsqueda de comprensión tanto de aquello que no entendemos como de aquellos cuyos comportamientos desafían el límite mismo de lo que entraña comprender a otras personas. De esta forma, las narrativas de los tiempos antiguos que dieron origen al sentido de un tiempo y un espacio primordiales mantienen un sentido de relacionalidad con la existencia, al tiempo que configuran un importante sentido de cuidado territorial a través de la palabra.

*

Las preocupaciones del Capitán de Mitú se refieren al olvido de las formas de cuidado de lo sacro que emergen de tierras indígenas. Olvidar el sentido de lo sacro es una forma de olvido de los vínculos que los seres humanos forjamos con aquello que tiene valor en sí mismo. Visto desde la perspectiva experiencial del Capitán, descuidar el sentido de lo sacro supone no solo una ruptura con un sentido existencial proveniente de las tierras indígenas, sino que forja un protagonismo excesivo en la capacidad exclusiva humana que pierde su sintonía con otras formas de existencia o las subordina a los intereses humanos más inmediatos. Se pierde con ello el sentido de una existencia humana que requiere relacionarse con otras formas de existencia. Su ejemplo del olvido de lo sacro es una forma de diagnosticar lo que es a su juicio la raíz de la cuestión. De acuerdo con él, cuando hay una primacía de lo individual, de lo inmediato sobre lo colectivo, del deseo por acentuar la propia sabiduría, el propio talento, cualquiera que sea, sobre la razón misma del don o sabiduría que proviene de las tierras indígenas, se empieza a labrar un camino distinto que fragmenta el tejido comunitario. Este énfasis comunitario no debe confundirse con aquel que anula las diferencias humanas y privilegia la de unos pocos. El foco en lo relacional supone una revisión constante y crítica de aquellas creaciones de sentido comunitario que los seres humanos creamos. En la relacionalidad está implícita la tensión subyacente a cualquier comunidad y su posibilidad de transformación.

La atención de los jóvenes mingueros en torno a las tensiones propias de su comunidad es indicativa de una forma de racionalidad crítica, es decir, de una forma de crear sentido a través del diálogo constante en una misma comunidad. La confianza en una relectura cuidadosa de sus historias a la luz de los tiempos presentes supone una reconfiguración de su propio sentido comunitario. El trabajo constante para centrar la mirada cuidadosa en prácticas sociales y hábitos forjados en las comunidades sugiere una necesidad de examinar la forma como están distribuidas en las comunidades las relaciones de poder internas y externas. No se trata simplemente de afirmar formas de relacionamiento. Se trata de evaluar aquellas que pueden causar daños internos y reconfigurarlas a la luz del bienestar grupal sin anular las especificidades concretas. Esos tipos de configuraciones relacionales son los que precisamente se manifiestan en las mingas, en la tulpa, la chagra y las asambleas. Cuando en las asambleas comunitarias se dice que no es posible hablar con la boca sin pensar con el cuerpo se hace referencia al cuestionamiento debido que se requiere cuando se transmite un mensaje con el que se trata de convencer a las nuevas generaciones de que cuiden la tierra, valoren las enseñanzas de la tierra y sigan los caminos de los ancestros, y sin embargo a la vez se actúa con claros signos que borran el mensaje, como cuando tras esos mensajes se afirman los intereses más inmediatos de liderazgos individuales con afán de fama y representación. Cuando se habla así no se divaga en abstracto. Se habla directamente a quienes salen de tierras indígenas y vuelven con un lenguaje enrevesado, ostentando lujos innecesarios y despreciando la comida local, mientras que en sus lugares de trabajo en las ciudades afirman su pertenencia a una tierra que les espera. Ese impulso crítico es propio de un espíritu que entiende que sus vínculos con el cuidado territorial se extienden tanto en las palabras como en los actos. La perspectiva relacional así entendida no resulta en la anulación de la individualidad ni en apagar la voz crítica. Tampoco obliga a las personas a que deban permanecer en sus lugares específicos. Lo que sugiere es una mirada crítica respecto de lo que hacemos, especial pero no únicamente, en nuestras comunidades. Implica, como bien lo afirmaron en reiteradas ocasiones las personas mingueras, escucharnos más atentamente y leer nuestros desafíos. No engañarnos a nosotros mismos pretextando que trabajamos por un bienestar colectivo cuando en la cabeza la mayor motivación es el protagonismo individual. Señalar estos cuestionamientos es admitir que el sentido mismo de lo comunitario se forja constantemente, con una escucha atenta dentro de una misma comunidad. Así como reprochamos a quienes no son capaces de escuchar el clamor del agua de la montaña cuando desvían el cauce de los ríos para extraer minerales, así también nos reprochamos cuando entre nosotros los indígenas instrumentalizamos nuestros vínculos para fines particulares y los disfrazamos de bienestar colectivo. Leernos con esa perspectiva supone también pensar en que la razón simple por la que algunos jóvenes se van de sus tierras, por las que los índices de suicidio juvenil son altos en comunidades indígenas no es solo el reflejo de una indefectible pérdida de identidad o un rechazo a las formas de vida antiguas. Es preguntarse por los sentidos de la existencia que requieren reconfigurarse, por las historias que activa y responsablemente contamos y por las que dejamos en el camino del olvido.

*

No quiero concluir este ensayo sin mencionar que además de ayudarnos a pensar en nuestra relación con el mundo más allá de nosotros mismos, la idea de relacionalidad indígena es un antídoto contra una forma de olvido de la casa, una idea cuyo énfasis parece estar presente en muchos pueblos indígenas americanos. Me tomaría mucho tiempo reseñar con detalle el sabio dicho de algunas abuelas *murui muinane* en la Amazonía que dicen que cuando el ser humano olvida su casa, olvida su búsqueda de sentido profundo como ser humano. Ellas lo hacen indicando que para avivar el sentido mismo de la existencia profunda del ser humano se requiere hacer que las personas recuerden las historias que se les contó antes de que nacieran. Como buenas parteras, muchas de estas abuelas saben que hay sentidos de la existencia que se configuraron antes de que uno nazca, como resultado de la cantidad de historias que escuchamos en la primera casa, el vientre materno. Recordar esas historias es volver a darle sentido a una existencia que pueda olvidarse de sus orígenes, de su razón de ser y de los caminos que podrían sanarse más adelante.

En la novela *Ceremony*, Leslie Marmon Silko argumenta que es la narrativa de reencuentro con la narración del pueblo la que sana un alma navaja herida por la guerra. Se describe allí el reencuentro con las raíces narrativas a medida que ocurre la sanación. Confluyen en esta idea los relatos kiowa descritos por Navarre Scott Momaday en *The Man Made of Words* y aquellos escritos y relatados por Thomas King en *The Truth about Stories*.[5] Se trata de la amplia tesis, cultivada de variadas formas en comunidades indígenas, según la cual una narrativa no es un relato falso o diseñado para el mero entretenimiento.[6] Las narrativas configuran directamente lo que somos y nos traza un

5   Cf. Leslie Marmon Silko, *Ceremony*, Nueva York, The Viking Press, 1977; Naverre Scott Momaday, *The Man Made of Words: Essays, Stories, Passages*, Nueva York, St. Martin's Griffin, 1998.; Thomas King, *The Truth About Stories: A Native Narrative*, Minneapolis, University of Minnesota Press, 2005.

6   Para una reflexión similar sobre el valor de la palabra en guaraní, puede verse el texto de Bartomeu Melià «Filosofía guaraní», en Enrique Dussel, Eduardo Mendieta y Carmen Bohórquez (eds.), *El pensamiento filosófico latinoamericano, del Caribe, y «latino»*, México, Siglo XXI, 2009, pp. 47-51.

horizonte de sentido. Cuando así se expresan las personas que han meditado sobre el valor de la palabra en pueblos indígenas, lo hacen de forma pausada, como si la elección de sus palabras estuviera precedida por un gesto de responsabilidad, como si en sus yoes interiores hubiesen meditado y ensayado las múltiples maneras de decir lo que vale la pena con la nitidez y claridad necesarias para que el mensaje alcance el corazón de quien escucha. Se trata de un tipo de sabiduría que se cultiva con paciencia y calma, como la de un abuelo que ha viajado y ha vivido mucho, como la del abuelo de mi amigo Josué, un aimara de Cochabamba que ahora recuerdo con cariño.

Una vez Josué le preguntó a su abuelo si el paso de los años no le hacía sentirse en soledad. Tras una pausa medio incómoda, el abuelo, un aimara que había viajado intercambiando sus tejidos con indígenas del Cono Sur, describió un relato que alguien contó en un encuentro de oralidad indígena en Temuco. De acuerdo con el abuelo de Josué, no era claro si el relato habría sido modificado para la ocasión o si correspondía a un relato custodiado por unos pocos. Lo cierto era que cuando algún joven indígena como Josué preguntaba por el significado de la soledad se le contaba que era una palabra extraña. Se comprendía que alguien experimente una forma de aislamiento, pero la soledad en sí misma era extraña. Si se continuaba insistiendo en su significado se contaba la historia de la exigua gota de lluvia que cayó sin compañía, sin hermanas. Esta gotita llegó justo sobre una hoja seca que precisaba de ella para culminar un ciclo de vida y empezar otro. Como gota de lluvia, su existencia es vana; como existencia es fundamental para otro ser. La gota de lluvia nunca estaba en soledad. Era claro que cayó sin la compañía de sus hermanas, pero la hermandad nuclear estaba compensada por la hermandad más extensa que provee la misma existencia de alguna forma inesperada. De la misma manera, el aislamiento de una persona puede significar un distanciamiento de la comunidad humana, pero no equivale a un aislamiento de la existencia compartida con otros entes. Según el relato del abuelo de Josué, si bien nunca cae una sola gota de lluvia, en el relato puede apreciarse que un ente, una forma de existencia, tiene su timbre y su huella. Una gota de lluvia, como un rayo de sol, puede dejar una huella generosa en una hoja seca, insignificante, de un árbol. No importa si el relato describe un hecho o no. La conclusión que importa es que un relato de un pueblo indígena puede ser como una gota solitaria intentando llegar a la conciencia del alma fragmentada de un solitario individuo, uno que experimenta soledad, aunque esté acompañado de muchos entes.

*

En la medida en que el territorio es el lugar donde la existencia configura variados sentidos y confiere sentido a la vida humana, aprender a cuidar el territorio significa aprender a cuidar las palabras y las historias que ellas crean. De otra forma, se labra un modo de olvido que empieza por el olvido de uno mismo y va alcanzando modalidades más radicales, como las del olvido de las narrativas más antiguas.

En tierras indígenas también se aprende a vivir en quietud, con paciencia, en silencio y pausa. No se trata de una inmovilidad que languidece, sino de una que se revitaliza, como la de una piedra gigantesca bañada por un río. Ese estado de quietud es una forma de dejar que el mundo transcurra mientras se fortalece aquello que nos recuerda el carácter sagrado presente en lo humano, el *waman* en kamëntšá, la idea equivalente al sentido de dignidad. No se trata del despertar de una conciencia narcisista o de invocar la autenticidad individual. Es precisamente lo contrario. Se pausa para avivar el recuerdo del vínculo estrecho que tenemos con otras formas de existencia, con las que estamos llamados a cooperar y que con frecuencia olvidamos. Es una forma de hacer que lo humano recupere su agencia relacional. Se trata de hacer pausas momentáneas, como si se tratara de invitaciones a ver otros caminos. En un mundo convulsionado por la euforia de la representación individual, por la ilusión del reconocimiento y de la fama, recordar que la existencia individual es una mota, una brizna existencial, en comparación con las formas en que se manifiesta la existencia, tal vez sea una invitación sensata a pensar en la pausa. Pausar es recordar que lo humano es un residuo divino, insignificante si se lo compara con el exuberante destello de vida compartida con otras existencias. Es posible que el proceso para comprender estas formas de vida sea tan lento como el que se necesita para darle una historia de vida a un fósil. Pero no es imposible. Las historias provenientes de tierras indígenas ayudan a ello.

Decir todo esto vale la pena porque en tierras indígenas se camina con la palabra, en su compañía, como si se tratara de un alguien cuya amplia experiencia propiciara conversaciones, tanto dolorosas como esperanzadoras. Es el espacio donde existir no es estar. Es el lugar donde se vive viviendo, donde ser describe un proceso de revisión constante y no una esencia dada. La palabra ancestral recuerda vejámenes, expoliaciones, saqueos y atropellos a la tierra. Pero también recuerda que no es posible quedarse solo repitiéndola hasta volverla trivial. Las historias y las conversas mediadas por la palabra cuidadosa hablan con dolor cuando sus hijos, propios y adoptivos, pretextándose guardianes, razonan con elocuencia sobre el cuidado territorial, la soberanía, o la justicia ambiental, al tiempo que sus acciones individuales, desprovistas de ese fuerte y profundo sentimiento territorial más allá de ellos mismos, se vuelven proclives al protagonismo momentáneo y contradicen sus sofisticados razonamientos. Por eso en tierras indígenas también se aprende de existencias no humanas. Se aprende del agua, de la lluvia y con ellas. Se aprende de algunas plantas acuáticas y con ellas. Se aprende de algunos ríos, arroyuelos y pantanos que expelen aromas tan familiares que es dable atribuirles un carácter personal, propio, aunque se sabe que es la misma sangre vital de la existencia reconfigurada de muchas formas la que fluye trazando cauces.

II. TIERRAS INDÍGENAS
Y CONOCIMIENTOS

En Otavalo, Ecuador, la abuela Concepción observaba fijamente la etiqueta «natural y ancestral» de la caja de tisanas de hoja de coca. No era por el intercambio comercial. En esa zona el trueque y la plata han coexistido como el quechua y el aimara con el español. Se sorprendía del ímpetu de las tres últimas décadas —según sus cuentas— con el que se buscaba en esa zona algún vínculo con el mundo indígena andino. Ese té amargo de la hoja de coca creaba un aura de cercanía agradable con el mundo indígena y se había ido convirtiendo en un producto comercial de alta estima. Turistas y locales empacaban un par de cajas de tisana para replicar en otro lugar su experiencia de cercanía, de haber estado allá. Lo que en principio era una forma de comercio rústico, con el paso del tiempo se convirtió en la zaga de un próspero negocio. El té de coca empezó a demandar exhibición mercantil, una que perturbe o atraiga, como las luces de un centro comercial, pero que no le sea indiferente a visitante alguno. Eso extrañaba a la abuela. No escatimaba ironías cuando hablaba de ese tipo de comercio local. Decía que el éxito mercantil del té se debía a que la gente consumía ideas y que por eso «natural» y «ancestral» llegaban como café para el frío de una mañana montañosa, especialmente para quienes la cercanía o nostalgia indígena de una ciudad les invita asomarse a la zona andina. Al pedirle explicaciones de sus afirmaciones cambiaba hábilmente el tema. Solo tras una larga conversa de un tema ajeno o una digresión casi tediosa decía que su ironía ocultaba una especie de dolor por el vacío que dejan palabras como «natural» y «ancestral» cuando no se usan con precaución. Le turbaba que con tanta facilidad aquello que se sabía medicinal ahora se venda con una etiqueta que ensombrece el sentido medicinal. La gente debería comprar hojas de coca cuando necesite esa medicina. Lo ancestral no debería importar. En el expresivo rostro de la abuela Concepción aparecía un gesto de inquietud incómoda cuando hablaba. Era como si sus palabras la invitaran a pensar en el significado y uso de «ancestralidad» y ella, como quien se enfrenta a un mundo nuevo sin guías o mapas, no supiera cómo empezar. Prefería quedarse en un silencio tenso e incómodo. Y cambiaba de tema. Al ver así a la abuela recordé una anécdota de mi amigo Hernando, un dirigente político emberá chamí.

✳

Hace poco Hernando asistió a un curso de paternidad en una prestigiosa clínica colombiana. La médica que orientaba el curso en varios momentos comparaba lo natural y lo artificial con la desgastada distinción entre naturaleza y cultura en la que naturaleza se atribuye a un mundo simple e idealizado y cultura a un mundo espurio o artificial. Como si la cultura fuera un asunto de maquillaje y lo natural su opuesto. Para cuestionar la lactancia materna en el mundo urbano, la médica decía que, así como en el mundo mamífero animal no humano parir y lactar son actos naturales, así debería ser en el mundo humano. Pero había más. Mi amigo pausó un momento y sacó de su mochila una maltrecha agenda y me pidió que leyera una nota en una página que tenía señalada. Decía en la nota: «no hemos aprendido mucho del mundo natural... ningún gato o perro se preocupa por las transformaciones de su cuerpo durante la gestación ni se avergüenzan ellos de lactar. Tampoco usted ve a una mujer indígena que no sepa cómo lactar o cómo parir, como sí ocurre en nuestras ciudades». Recubierta con una nube, a un costado de la nota, estaba la fecha, hora del comentario y el nombre de la médica. Con algo de vergüenza me dijo que ese día no supo qué decir, en parte porque todo mundo permanecía en silencio tomando apuntes y en parte porque creía que la intención de la médica no era menospreciar el conocimiento indígena sobre partería y lactancia sino ensalzarlo. A la esposa de Hernando tampoco le preocupó mucho el asunto porque ella también juzgó que la intención de la médica no era la de menospreciar los conocimientos de comunidades indígenas.

Cuando Hernando me contó la referida anécdota le recordé que Yunkaporta nos había pedido alguna vez que pensáramos en el significado del concepto «primitivo». A modo de evadir también una conversación para la que no estaba preparado, le dije a Hernando que tal vez valga la pena escuchar lo que otros indígenas mejor documentados que nosotros han escrito al respecto. Le conté entonces que Yunkaporta ha hecho un buen trabajo al decir que el vínculo entre lo primitivo y lo indígena aparece en las historias que tanto Occidente como personas indígenas contamos sobre el pasado de nuestra propia especie, una historia que habitualmente empieza con una expoliación territorial a una población local y que gradualmente se va engrandeciendo y relatando como un triunfo civilizatorio que reduce lo indígena a un pasado, a un rezago civilizatorio, o a un sonido convaleciente de un mundo no contaminado por la ciudad que gradualmente queda en silencio.[1] Ese silencio es similar al que se presenta cuando se habla de la experiencia de lactancia y partería de mujeres indígenas sin haberse tomado el tiempo de conversar con ellas. Un silencio perturbador. Se da por hecho que en el mundo indígena el conocimiento —si se aplica tal nombre— es extraño, primitivo, ajeno, ancestral, natural, completamente opuesto al conocimiento del mundo de acá, moderno, familiar, artificial y cercano. Con la experiencia característica de quien ha escuchado muchas cosas, Hernando sostuvo aquella vez que la perturbación por escuchar lo que la gente no indígena piensa de nosotros los indígenas se compensa con la comprensión que con ello tenemos de nuestros propios desafíos. Sería más difícil dicha comprensión

---

1 Al respecto cf. el argumento general de Tyson Yunkaporta, *Escrito en la arena*, Barcelona, Herder, 2023, pp. 125 ss.

si el pensamiento de lo indígena se guardara en un cajón de prudencia o corrección política y solo de cuando en cuando se hiciese manifiesto en actos visibles de asco o menosprecio por lo que somos o se cree que somos. Decía también Hernando que sería peor que aquello que se piensa con menosprecio hacia lo indígena se adorne con eufemismos de «precolombino», «aborigen», o peor aún, «lo distinto», «la otredad» o «lo alternativo». Al ver que no entendía muy bien su argumento de fondo y que empecé a divagar, Hernando me invitó a que vaya a Cañamomo, su hogar cerca de Riosucio, en el eje cafetero colombiano, donde tal vez podríamos seguir conversando con el sabor de la caña y del café.

Como es costumbre en las visitas de invitación indígena en Latinoamérica, para mi viaje a Riosucio busqué en Bogotá un detalle para mi amigo. Sin embargo, un imprevisto me detuvo.

✻

Motivado por el chisme de un aviso publicitario en un parque público en Bogotá que invitaba a ver «emprendimientos indígenas», un día me encontré con Alfredo, un señor de no más de setenta años, kamëntšá, de Sibundoy, que me observó con curiosidad cuando le pregunté si la ruana exhibida para la venta se elaboró en Sibundoy o en Bogotá. Después de los saludos iniciales, nos entretuvimos divagando sobre conocimiento y saber indígena. Para Alfredo no era claro por qué ahora se hacía tanto énfasis en distinguir conocimientos de saberes. Por esos días en Colombia se hablaba mucho de «saberes ancestrales». En el Ministerio de Cultura de Colombia se había incluido «saberes» al lado de artes y cultura. En otro Ministerio, el de Ciencia, se hablaba de la inclusión de «saberes». En medio de esa conversación le conté a Alfredo que mi abuelo, que murió hace años, tenía una impresión similar a la de Alfredo respecto a la facilidad con que se puede confundir una expresión con su significación. El ejemplo de mi abuelo era que uno no dice *ñya ngmenak* —literal, ¡lo siento y me duele!— para expresar solidaridad y decir «lo siento» si uno no siente que lo siente. No es que entre los kamëntšá exista una pureza de corazón tal que sea imposible decir algo sin creerlo. Mi abuelo decía que hay situaciones en las que uno dice «lo siento» sin sentirlo y está bien porque es una forma de cortesía, pero en esos casos se dice *ñya ndoñmáás* —algo así como lo siento, ¡qué vaina!—, pero no se dice *ñya ngmenak*. Algo similar ocurría, según mi abuelo, cuando alguien se autodenominaba *tatšumbuá*, literal «el que sabe», sin realmente saber. Cualquiera puede decir que es *tatšumbuá* pero de pocas personas se puede decir que realmente saben. Para mi abuelo era fácil reconocer la diferencia porque un signo claro de sabiduría es que quien verdaderamente sabe no necesita vanagloriarse de ella. No sé qué habría pensado mi abuelo de que hoy se hable de saberes y conocimientos indígenas en varias regiones. En la época en que mi abuelo reflexionaba yo cursaba mis primeros estudios de Filosofía en la universidad y Frege era lo más cercano a la filosofía del lenguaje y el significado que conocía, de modo que no supe apreciar a tiempo lo que decía mi abuelo cuando afirmaba que cuidar las palabras por su significado es distinto de significar las palabras por su uso. Aunque a fuerza de uso las palabras se vuelvan familiares eso no implica que su real significado sea familiar. Cuidar las palabras por su significado es hacer que el mensaje importe. Significar las palabras por su uso es abrir la puerta para darle más cabida a la apariencia del mensaje que al mensaje mismo. Para mi abuelo las palabras, como las plantas medicinales, se marchitan cuando no se las cuida. Decir que se sabe algo entraña responsabilidad y cuidado, no exhibición. De otra forma era como colgar un título universitario en la pared, decorarlo bien, sin haber estudiado. El conocimiento era entonces un proceso —un caminar— decía mi abuelo, algo que no le entendí bien y que ahora, en medio de la divagación con Alfredo, recordaba. Con cierta pausa refinada que dan los años, Alfredo me dijo que tal vez la idea de que el conocimiento sea un caminar indique que el conocimiento no es algo que esté ahí esperándonos, sino algo que nos acompaña si lo buscamos con paciencia y calma, y que a veces nos deja, sobre todo cuando no somos capaces de escuchar. Al conversar así, Alfredo dijo que este tipo de charlas quizá precisen retomarse en Sibundoy y no en un lugar donde lo que se necesita es hacer algo de dinero con las ventas. Acá en Bogotá quiero vender, me dijo Alfredo; en Sibundoy podemos seguir conversando. Fue por esta razón que mi viaje a Cañamomo quedó pospuesto.

A los pocos meses, Alfredo me recibió en su casa en Sibundoy. Determinar si mi abuelo fue contemporáneo del papá de Alfredo nos ocupó un tiempo sin llegar a conclusión que valga contar. Dejamos entonces que el término genérico de hermandad indígena kamëntšá, *kanÿe tsankenká,* sea útil para nuestra conversa, pues al afirmar nuestra pertenencia a una gran familia, a un gran canasto histórico, que es lo que literalmente traduce la expresión, podríamos enlazar mejor nuestro diálogo.

El abuelo de Alfredo era joven cuando en el Valle de Sibundoy, en ese nido de cordilleras del piedemonte amazónico, el botanista Melvin Lee Bristol, estudiante de Richard Evan Shuttles, el investigador de plantas alucinógenas de Harvard, se quedaba un buen tiempo averiguando las propiedades de plantas que en el pueblo siempre se sabían medicinales.[2] Ni la generación del abuelo de Alfredo ni la de su papá sabían cómo explicar el sentido de lo medicinal a quien de antemano tuviera alguna idea cercana de ello. Más difícil aún era explicarle a una persona no indígena que lo medicinal —*šnan*— y lo sacro —*waman*— en kamëntšá son palabras hermanas —no sinónimas— del mismo tronco semántico de «bienestar» —*tšabá*—. Era la década de los sesenta del pasado siglo y las personas no indígenas que habían llegado a Sibundoy en las postrimerías del siglo anterior aún tenían en su cabeza una idea bastante simple de lo sagrado. Lo reducían a aquello que el cristianismo eclesial autorizaba. Tiraban a la zanja del demonio cualquier alusión

2   Después de su estancia en Sibundoy, Lee Bristol escribió su tesis doctoral sobre etnobotánica. Cf. Melvin Lee Bristol, «Sibundoy Ethnobotany» (tesis doctoral, Harvard University, 1965).

de sacralidad indígena. «Medicinal» eran las pastillas y jarabes de una farmacia. «Sagrado» era la iglesia catedral. El resto era monte, rastrojo o selva, nidos de superstición y hechicería. Así las cosas, cuando Lee Bristol anduvo preguntando en Sibundoy sobre las propiedades especiales de una datura, la generación de nuestros bisabuelos, los de Alfredo y quizá los míos, solo decía que un gringo anodino no parecía cristiano cuando observaba las plantas de las veredas de Sibundoy. A todas luces tampoco era un kamëntšá. Al abuelo de Alfredo, que probablemente conoció a Lee Bristol, le pareció curioso que el gringo piense y actúe con la idea de que algunas plantas tienen propiedades especiales cuya comprensión sugería una leve modificación en los cánones taxonómicos de la botánica de la época.

El caso de Lee Bristol es inusual. Eran los años sesenta y el ambiente cultural contribuía a que se viera con ojos menos prejuiciosos al mundo indígena, especialmente ese mundo indígena que se extendía desde el piedemonte andino hasta las extensas selvas tropicales de la profundidad amazónica, pues ya se conocían las discusiones de la esclavitud y genocidio que realizaba la Casa Arana en el Putumayo y los consecuentes vejámenes de expoliación territorial en la zona. Además, muchos naturalistas europeos ya habían recorrido parte de la Amazonía, y algunos habían dicho con asombro y broma que el sentido de lo sublime que Kant le atribuía al juicio estético era más fácil contemplarlo en las profundidades de los ríos y vegetaciones espesas de la Amazonía. Los que llegaron a Sibundoy con un espíritu de apertura como Shuttles o Bristol eran escasos. La mayoría de los llegados a Sibundoy era menos proclive a la ciencia de las plantas y más a sus propiedades mercantiles.

La vereda donde nació mi papá se llama *La Menta* en recuerdo del negocio de menta de la década de los sesenta que unos gringos realizaron en esa zona y que los habitantes al comienzo agradecieron, pues el nuevo negocio le quitó el monopolio comercial a los ganaderos y a los eclesiásticos. Fue pasajero. Pronto se dieron cuenta de que el cambio de patrones no cambió sustancialmente las condiciones de trabajo asalariado a bajo costo al que siempre se ha sometido a la población indígena de la zona, a veces con la complicidad de los mismos líderes indígenas. Sí, es doloroso decirlo, dice Alfredo, pero así era. Hoy ha cambiado un poco, pero siempre hay que tener cuidado de quienes hablan en nombre del significado de lo indígena porque muchos lo usan para la venta, que no está mal, porque hay gente que necesita comer de algo y si hay gente que come vendiendo una cantidad de sinsentidos por escrito, pues el indígena no debería avergonzarse de vender algo de lo suyo, afirma también Alfredo con cierta crudeza. Pero una cosa es hacerlo por necesidad y otra muy distinta es tragarse el cuento de que todo lo que se vende con marca indígena tiene valor. De ahí que sea otra vez necesario cuidar las palabras y el pensamiento. Con las plantas es distinto y de alguna manera más fácil porque ellas expresan, por decirlo de algún modo, sus propiedades, sin mayores miramientos y saben también esconderse. Con el pensamiento es más difícil porque uno puede fácilmente engañarse con sus propias ideas.

Según Alfredo, la llegada de la menta a Sibundoy fue una invasión que obligó a la datura sagrada a ocultarse. Reflexionaba por eso que hoy las daturas sagradas son muy parecidas a las daturas que no son sagradas —recuérdese aquí que en la cabeza de Alfredo sagrado y medicinal guardan un parentesco semántico. Si alguien no sabe distinguirlas puede confundirse, como le ocurre a don Matías, quien usa la datura sagrada como adorno en su hogar doméstico mientras que la datura no medicinal que sirve para adornar las casas la arroja entre los matorrales para que nadie la vea. Matías es un primo de Alfredo que poco a poco ha ido aprendiendo de Alfredo pero que le ha costado reconocer que ahora no son los gringos los que confunden las plantas sino los mismos de la zona. Dice que este tipo de aprendizaje no ha sido fácil, así como no es fácil distinguir de un vistazo conocimiento con apariencia de conocimiento. El razonamiento de Alfredo por supuesto implica que uno conoce la naturaleza de la planta que está usando como ejemplo. Al pertenecer al grupo de los que no conozco, no sabría aquí cómo explicar bien lo que dice Alfredo. Imagino que alguien podría poetizar las anécdotas de Alfredo diciendo que no todo está perdido, que los hogares se sacralizan con la presencia de una planta sagrada incluso si quienes los habitan no saben de sus propiedades. Es posible imaginarse un bonito mundo así. El problema es que la planta sagrada, la medicinal, como lo explica Alfredo, en realidad necesita estar en la casa grande, con otras plantas, bien cuidada, para conservar sus propiedades y nutrientes. Fuera de ese ambiente, la datura medicinal puede sentirse como uno se siente, dice Alfredo, tomando yajé en el Hyatt en Bogotá, al lado de Minciencias. Desconozco las experiencias de yajé que relata Alfredo, pero entiendo su analogía. Hay formas de conocimiento que pueden describirse adecuadamente si se atiende al contexto de donde surgen y a las formas como se construyen.

La conversación con Alfredo se quedó por unos días en mi cabeza, como haciendo un eco. Recordé mi viaje pendiente a Riosucio, pero debía volver a trabajar en la Universidad en Bogotá y entonces preparé otra vez mis clases y reprogramé mi visita a Hernando para un mes después. Hago aquí un paréntesis, como una nota al pie mal hecha, para contar que he aprovechado la oportunidad que tengo para hablar con jóvenes de varias universidades y pedirles, en mis primeras clases de introducción al pensamiento indígena o a filosofía indígena o algo parecido, que me describan lo primero que se les viene a la cabeza cuando escuchan palabras como «indígena» o «ancestral». Es curioso que la imagen que aparece de una u otra forma haga eco a una idea común: lo indígena es parte de un pasado y en general es un mundo simple, casi sin fisuras. O algo idealizado que puede exhibirse bien en una convulsa ciudad decadente. Escasean las ideas de que lo indígena esté aquí, en el presente, con rupturas y tensiones, con dramas e ironías. Pienso que la idea del buen salvaje de Rousseau aún pervive en la cabeza de muchas generaciones. La última vez que hice el experimento de preguntar recordé mucho a la abuela Concepción, a Alfredo y a Hernando.

✳

Le llevé a Hernando una flauta traversa de las que hace Alfredo y que él hasta hace poco las afinaba «de forma natural». Me explicó que la afinación natural es conocimiento histórico, resultado de años de trabajo, de ensayo y error, y que se hacía usando como medidas de armonía y melodía musical los segmentos del pulgar y escuchando pacientemente las tonalidades. Como esa era una costumbre ya compartida antes de realizar intercambios comerciales o de otra índole, la gente primero realizaba intercambios musicales en la zona. La música era la primera forma de intercambio y se constituía a la vez en el mejor ejemplo de que un lenguaje compartido siempre es posible a pesar de todas las diferencias. Fue así como la flauta se convirtió en el símbolo de intercambio de conocimientos y la música en el primer saludo comunitario. Después la música empezó a ocupar un segundo lugar y el intercambio ocupó el primer lugar. Decía Alfredo que narrar los orígenes de la música en el piedemonte amazónico, como el inicio de una cultura, de la forma como él lo hacía, podría fácilmente malinterpretarse, por lo que en algunos casos era innecesario insistir en la originalidad de los sonidos de la flauta y mejor afinar la flauta con la notación universal. Como la flauta venía con historia incluida y Hernando afirmó que en su cultura se acostumbra intercambiar historias, me contó la suya.

Hernando había crecido en un ambiente en donde las historias, como las montañas, parecían prolongarse en las noches. A veces una historia se repetía, para que se aprendiera a escuchar. Le decían que para aprender a escuchar se debía «acostar el oído» a las palabras y dejarlas que habiten un rato en la cabeza. Esa forma de educación había dibujado su carácter. Ya adulto, Hernando dejaba un tiempo de su trabajo político comunitario para viajar y escuchar otras voces de pueblos indígenas. Fue así como en uno de sus viajes estuvo durante varios días en unos encuentros de pueblos indígenas en Brasilia. De ello había escrito algo que me leyó. Decía en resumen que la discusión sobre conocimientos indígenas se presenta en dos ámbitos. Uno, en un ámbito comprensivo, de aprendizaje comunitario, y otro en un ámbito político más amplio, de disputa. En el primer ámbito se trata de una continua conversación comunitaria cuyo foco de atención está mediado por el qué y el para qué se conoce. El cómo era subsidiario al qué. En ese ámbito comunitario se entiende que no todas las personas tienen las mismas capacidades ni los mismos talentos, que la construcción de conocimiento es una actividad colectiva constante y que surge de la incesante búsqueda de sentido a la existencia. De ese modo, lo colectivo del conocimiento no implica unanimidad de pensamiento o ausencia de incentivos para talentos individuales. Acentuar lo colectivo del conocimiento es afirmar que tanto el proceso de construcción de conocimiento como su resultado son actividades conjuntas. No es afirmar que todos deban hacer lo mismo. Es afirmar que, independientemente de los talentos o habilidades personales, el qué se conoce y el para qué son asuntos de conversación comunitaria abierta, en discusión lenta y constante. Así se han forjado los conocimientos indígenas.

Mientras Hernando leía pensé que no era tan clara su tesis, así que le interrumpí para pedirle que precisara un poco. Sin embargo, él indicó que esa conceptualización no debía tomarse a la ligera y que tal vez sea una tarea pendiente aclarar en qué medida la idea de distinguir el significado de conocimientos indígenas desde el aspecto comunitario interno y desde el aspecto político más amplio podría ser útil. De acuerdo con él, es una tarea pendiente a la que todos debemos contribuir. Al decir «todos» indudablemente me estaba a la vez invitando a participar en la conversación y asignándome una tarea. Pensé que una forma de hacer la conversación más explícita era escribiendo y justo cuando estaba a punto de invitar a Hernando para que escribiéramos algo juntos dijo que debía asistir a una asamblea comunitaria donde se discutirían temas de etnoeducación propia y que debía prepararse para ello.

Extrajo tabaco de una vasija antigua y fumamos un buen rato. Le pregunté si podía ver sus notas sobre lo que él comprendió que se discutió en Brasilia del ámbito de disputa política de los conocimientos indígenas que aún no me había contado. Sacó otro par de tabacos y dijo que volvería más tarde. Me entretuve toda la tarde viendo sus notas. A juzgar por los tachones, enmendaduras y reescritura de algunas ideas, las notas de Hernando intentaban dejar claro que el ámbito de disputa política debe distinguirse del ámbito de comprensión comunitario. Sin embargo, no era tan claro lo que decía. Por eso, lo que sigue en los siguientes párrafos es una interpretación de lo que creo que Hernando juzgó oportuno escribir.

La idea central era que el ámbito comprensivo siempre ha estado presente y ha sido más claro en cada comunidad, mientras que el ámbito político de la comprensión de conocimientos indígenas ha sido más difícil porque ese ámbito de disputa política se manifiesta en dos modalidades, una más histórica y otra más crítica. El enfoque histórico de lo político analiza la continuidad del eco colonial que deja la yunta de lo indígena con lo natural. El enfoque crítico de lo político permite subrayar que ese vínculo entre lo ancestral y lo indígena se camufla de variadas formas y adquiere en las historias locales distintos nombres. Era una tesis que me permitía comprender una preocupación general de varias personas indígenas, aunque para mí no estaba clara la relación entre ese ámbito interno comunitario y el ámbito un tanto más complejo de disputa política. Hernando intentaba explicar sus propias inquietudes en su agenda y extraer de ellas algunas consecuencias, pero parecía dudar mucho. Las huellas de varias páginas arrancadas y unas tantas con tachones indicaban que la reflexión estaba abierta. Tal vez por ello permaneció en silencio cuando escuchó a la médica en Bogotá asociar lo indígena con lo natural. Y tal vez por ello me invitaba a pensar con cuidado y me dejaba una tarea de reflexión.

Después de regresar a Bogotá pensé en la distinción trazada entre el ámbito comprensivo y el político de los conocimientos indígenas que encontré en las libretas de Hernando. Aunque me ayudaron mucho a darles forma a las ideas que describiré en lo que sigue, no fueron suficientes las mingas de pensamiento en torno al tema ni las discusiones académicas en las que participé en varias latitudes sobre pensamiento decolonial, que era un área donde podría discutirse el asunto. Recordé y me pareció que Yunkaporta tenía razón al sugerir que gran parte de las publicaciones académicas de conocimientos indígenas y conocimientos tradicionales giran en torno al conocimiento ecológico o ambiental, como si el valor del conocimiento indígena fuera instrumental dada la crisis ambiental mundial y como si de otra forma —es decir, si el conocimiento indígena no dijera algo valioso sobre ecología o medio ambiente— su valor estuviera condenado al olvido.[3] Con ese panorama, tomé entonces prestada la idea de Hernando, que a su vez la tomó de otras personas, y escribí lo que sigue de este ensayo.

---

3   No es mi interés señalar que las investigaciones sobre conocimiento indígena sean inadecuadas porque estén vinculadas a cuestiones ecológicas o de cuidado ambiental. Hay, en efecto, un trabajo de divulgación y de aprendizaje sobre conocimiento indígena y conocimiento ecológico que puede examinarse. La literatura al respecto es abundante, pero puede verse un compendio de ensayos realizados por investigadores y activistas indígenas aquí: Melissa K. Nelson y Dan Shilling (eds.), *Traditional Ecological Knowledge,* Cambridge, Cambridge University Press, 2018. Mi punto es que puede existir un sesgo de instrumentalización de los conocimientos indígenas cuando se los busca únicamente por su importancia ambiental. Sin duda, el pensamiento indígena tiene mucho que decir sobre el cuidado ambiental, pero no puede convertirse en la única forma de valoración de conocimientos indígenas.

*

La tesis básica es que los conocimientos indígenas son esfuerzos colectivos de conferirle sentido más o menos estable a las más intensas manifestaciones existenciales. Aunque algunos de estos sentidos se crean en respuesta a necesidades comunitarias más inmediatas, como las necesidades agrarias, las de cuidado social y de espiritualidades propias, es obvio que también se dan en respuesta a condiciones estructurales o de geopolítica global. En muchos casos confluyen tanto necesidades inmediatas como estructurales. Estas formas de conferir sentido a la existencia pueden contrastarse con otras formas cercanas de crear sentido que no necesariamente son conocimientos, como las tradiciones culturales u otras expresiones artísticas. A diferencia de las tradiciones culturales que a veces requieren acentuar la fijación de sentido, los conocimientos se construyen sin ese propósito. Si esto es claro, hay entonces un primer elemento de juicio para afirmar que ciertas creaciones de sentido son conocimientos mientras que otras no lo son. Debe ser claro que esas creaciones de sentido pueden variar en una misma comunidad o pueden ser distintas en diversas comunidades. En consecuencia, es preciso decir algo del mismo término «conocimiento» cuando se habla de conocimientos indígenas.

Hasta donde se sabe, en los pueblos indígenas no hay un término genérico que pueda equipararse a «conocimiento», un concepto que agrupe toda una gama de conocimientos de todos los pueblos o de un solo pueblo indígena. No es que no existan términos distintivos para decir cuándo una persona es sabia o insensata. Lo que no existe es el término genérico, el paraguas que cubra todo un abanico de experticias, actividades o habilidades de personas o grupos. Por esta razón, en muchas comunidades se usan con reserva las expresiones «conocimientos indígenas» y «conocimientos tradicionales». Con el paso de los años tal vez aparezca un concepto de mayor alcance explicativo que señale mejor ese horizonte de significado que ahora parece elusivo. En el presente, las denominaciones de conocimiento propio, saber propio, conocimiento local o ancestral corresponden a la teorización que se espera que los pueblos hagan más que al afán mismo de los pueblos. No ha sido una necesidad apremiante un teorizar sobre conocimientos en función diferencial con otras formas de conocimientos. No hay un afán por competir sobre quién tiene la verdad. Es, por decirlo de alguna manera, una mirada externa la que cuestiona que las creaciones de sentido que surgen de la búsqueda de explicaciones o de intentos de comprensión de la realidad provenientes de comunidades indígenas se puedan calificar de «conocimientos indígenas». Por ello, está justificado que algunas comunidades indígenas atribuyan cierto tinte político a la expresión «conocimientos indígenas». Es una denominación que tensiona el espectro político, variante en cada región, en donde se asume la primacía de formas de conocimiento no indígenas en detrimento de aquellas provenientes de comunidades indígenas. Por esta razón, en muchos casos se hace alusión a «conocimientos indígenas» con el objeto de señalar una larga lucha de movilizaciones sociales y de recuperación de la dignidad rota de los pueblos. Sin embargo, que la expresión «conocimientos tradicionales» tenga un matiz político debe leerse con precaución, pues en el ámbito interno de las comunidades, las denominaciones específicas con las que se designan distintas habilidades y ámbitos de experticia no se configuran de forma exclusiva a partir de un espectro político en disputa.

En el seno de comunidades existen criterios para afirmar qué persona es sabia en qué área y mediante qué fuentes se pueden adquirir esas formas de sabiduría. Por supuesto, en algunos casos —como en todas las culturas y grupos humanos— existen quienes aparentan sabiduría. No obstante, en casi todas las comunidades indígenas hay signos claros para afirmar que hay personas más sabias que otras. La dificultad para distinguir lo sabio de lo insensato, la ausencia de un término preciso para describir esa idea, o incluso la tendencia en una misma comunidad a no actuar de conformidad con un sabio consejo no son indicativos de ausencia de ideas que distingan aquello que pueda estar más del lado de la sabiduría que de la insensatez. Más aún, incluso si un signo claro de sabiduría o su opuesto se reconfigura con el tiempo, cambia su sentido dentro de una misma comunidad, ello no es indicativo de la ausencia de ideas que señalen la búsqueda de conocimiento. Imaginar que en el mundo indígena no existe una variedad de idiomas o ideas en los que la verdad y la falsedad se hubieran conceptualizado de alguna manera es más producto de un legado colonial que una manifiesta realidad. Supone que el conocimiento solo aparece o se manifiesta a partir de una historia concreta de dominación colonial.

Precisar entonces los contextos en los que adquieren significado las ideas asociadas con conocimientos tradicionales o indígenas contribuye a desmitificar ese fantasma que deambula señalando lo indígena como sinónimo de primitivo, de aquello estancado en el tiempo, incomprensible, fosilizado, un pedazo de escultura que habrá de servir para un museo, un artefacto para afirmar la diversidad cultural, o un fetiche colonial. Ayuda también a revisar las ideas con las que se hace referencia a conocimientos indígenas. Por muy buena que sea la intención de afirmar que en los pueblos indígenas hay distintas «epistemes» para aludir a formas variadas de conocimientos, si con ello no se indican referencias explícitas de conocimientos indígenas en contextos particulares, y formas específicas de conocimientos, en lugar de facilitar la conversación, se pone una barrera y se reaviva la imagen colonial de lo indígena radicalmente diferente, si acaso humano.

No hace falta investigar mucho para darse cuenta de que tanto en publicaciones académicas como en conversaciones públicas a veces se llama conocimiento, sabiduría, o entendimiento a formas tan variadas de conocimiento indígena que en lugar de permitir una comprensión de lo que se busca señalar se nubla el entendimiento. Además de fantasioso, imaginar que el mundo indígena es un hogar en donde la mentira es un misterio, donde los celos, la envidia, y el amor no se dramatizan es negar la humanidad a personas indígenas. Es una fantasía imaginar que en las comunidades indígenas la armonía comunitaria es una eterna belleza matutina, siempre fresca y viva, jamás atravesada por ráfagas de soles o vientos de discordia que la marchiten. De la misma forma, imaginarse que allá en ese mundo indígena los criterios de verdad, de falsedad, de error y de estupidez no se usan, como si cada persona de una comunidad indígena fuera un símbolo de sabiduría, es la expresión de viva ignorancia de la humanidad del mundo indígena. Es una manifestación de colonialismo que puede comercializarse. Es una etiqueta de mercado, como lo «ancestral» y «natural» de las tisanas de hoja de coca que observó la abuela Concepción.

Se olvida con ese imaginario colonial que en la variedad de idiomas existen signos que indican que la fragilidad de carácter y su fortaleza, la búsqueda de sabiduría y conocimiento, de la mano con errores e insensateces, están por doquier en el mundo indígena, como lo están en cualquier cultura humana. Que los años de resistencia a formas variadas de opresión y despojo hayan contribuido a acentuar con mayor urgencia la búsqueda de sabiduría, y que sobre ese fundamento se haya logrado consolidar un proyecto político de defensa cultural y de dignidad de pueblos dentro de comunidades indígenas no es razón para ocultar las complejidades propias de la existencia humana en el mundo indígena.

Voces como las de la abuela Concepción, las de Alfredo y Hernando, que cuentan a su manera las dificultades de vincular el significado de ancestralidad con el mundo indígena, no pretenden negar el cono-

cimiento histórico de los pueblos. En cada conversación es clara la preocupación por el significado de las
palabras que refieren mensajes que parecen escapar.
En ellos, como seguramente en muchas otras experiencias, hay un mensaje de precaución por el uso de
palabras para referirse a la experiencia de conocer. Es
preciso atender esas voces. Son llamadas que recuerdan
que hay que tratar con cuidado el lenguaje. También
son exhortaciones a examinarnos como individuos y
comunidades para que nuestros actos, como nuestros
idiomas, no se conviertan en meros signos externos de
exhibición o de mercantilismo.

Se podría especular sobre qué hay que hacer entonces con los imaginarios coloniales del mundo indígena que aún persisten. Se podría aventurar una
hipótesis inicial que afirme que tales imaginarios son
resultado de prejuicios y su afirmación el deseo de
su persistencia. También podría elaborarse un trabajo
exegético de una comunidad específica para ofrecer
un argumento más sólido que cuestione esos imaginarios. Sin embargo, un panorama distinto puede
trazarse cuando se afirma una intuición filosófica que
dice que cualquier comunidad indígena debe tener
criterios para distinguir engaños de verdades, sabiduría de insensatez, error de certeza. No se trata de una
intuición caprichosa. Es una intuición hipotética, de
carácter explicativo.[4]

4 Afirmar esta certeza no implica decir que la conversación filosófica
entre distintas comunidades esté precedida de la existencia de conceptos equivalentes. Mi tesis aquí es que tal conversación puede plantearse
incluso en la ausencia de términos equivalentes y que puede darse en

Si no imposible, sería extraño imaginarse —no por los límites o incapacidad de la imaginación— una comunidad indígena sin criterio alguno para elaborar distinciones sobre conocimiento e ignorancia, bondad y maldad, realidad y ficción, belleza y fealdad. No im-

---

términos del significado de algunas ideas. Es decir, es posible pensar en diálogos filosóficos desde la primacía de un ámbito eidético más que semántico o lingüístico. Sin mediación lingüística podría ser más difícil, pero la comunicación humana no siempre está precedida por palabras o conceptos. Un ejemplo cercano puede ilustrar un poco esta idea: afirmar que la filosofía es una herencia puramente occidental es un error histórico, tanto porque lo que significa filosofía ha estado presente en distintas comunidades humanas como porque incluso en la versión más eurocéntrica de la filosofía se han realizado varias investigaciones que indican que el origen mismo de la filosofía no es estrictamente occidental. Cf. Lewis Gordon, «Decolonizing Philosophy», *The Southern Journal of Philosophy* 57, Spindel Supplement (2019), pp. 18-22. Por supuesto, quedarse en una disputa semántica de si a una comunidad específica se le debe atribuir el origen del término «filosofía», como ocurrió en las primeras décadas del siglo pasado en buena parte de Latinoamérica, es distinto de usar esa disputa para negar la existencia de pensamiento filosófico a otras comunidades. Cf. Augusto Salazar Bondy, *¿Existe una filosofía de nuestra América?*, México, Siglo XXI, 1968. En lugar de quedarse en esa disputa semántica, Miguel León-Portilla en México y Josef Estermann en Perú han realizado un buen trabajo de investigación filosófica en comunidades indígenas. Cf. Miguel León-Portilla, *La filosofía náhuatl estudiada en sus fuentes*, México, Universidad Nacional Autónoma de México, [11]2017; Josef Estermann, *Filosofía Andina*, La Paz, ISEAT, [2]2006. En este ensayo, como en todo el libro, uso el término «filosofía» en sentido amplio, es decir, la búsqueda constante, creativa y desafiante de respuestas a preguntas que nos atraviesan como seres humanos. Para ser más claro, pienso que cualquier comunidad humana que se plantee preguntas sobre el significado de la realidad, la verdad, la belleza y la bondad, por rústicos que sean los intentos de respuesta que se hayan dado, tiene una tradición filosófica que vale la pena examinar.

porta si el origen de tales distinciones proviene de la fantasía o de la imaginación, del mito o de la leyenda, del ensayo y del error. Tampoco importa mucho si con el paso del tiempo se convierte en un acuerdo tácito que da sentido a una comunidad y luego se revierte o se modifica. Quizá ni siquiera importa mucho si tales criterios son prestados de otras comunidades. Es la afirmación llana de la tesis según la cual deben existir criterios, por rudimentarios que parezcan, para distinguir la sabiduría de la insensatez dentro de una comunidad la que conviene examinarse como punto de partida para facilitar una conversación más franca, más creativa y quizá más directa entre conocimientos. Puede que se trate de una tesis trivial, una necedad, pero es su vehemente afirmación la que permite contrarrestar inveterados prejuicios en torno al mundo indígena. Posibilita la conversación con varias comunidades indígenas. La verdad trivial que afirma que los seres humanos en cualquier comunidad o cultura estamos atravesados por cuestiones filosóficas en torno al conocimiento, lo bueno, lo bello y lo real es recordar que podemos conversar. Partir del supuesto de que en cada comunidad indígena existen distinciones de lo que cuenta como conocimiento y de lo que no, no solo contribuye a decir claramente que hay distintas formas de conocimiento. Señala además que en cada comunidad también hay criterios que permiten decir que no todo es conocimiento solo por el hecho de estar en una comunidad indígena. Ya se han empezado a ver algunos signos de conversación más claros en los últimos años.

En un segmento del mundo académico y social contemporáneo por ejemplo se plantea encontrar puntos de encuentro, tensiones o convergencias entre conocimientos indígenas y no indígenas. Aunque varían las caracterizaciones tanto como los intereses en esos vínculos, se destacan dos tendencias. Por una parte, se habla de inclusión social de formas de conocimiento, de formas de justicia epistémica, de alertas ante las paulatinas amenazas de extinción, saqueo o instrumentalización a las que están sometidos algunos conocimientos indígenas. Por otra parte, se alude a conocimientos indígenas con algo de precaución, como si al nombrarlos se abriera una puerta prohibida, una caja de Pandora. Se invita con frecuencia a trazar una imaginaria línea —que se llama a veces método de demarcación y otras veces criterio analítico— y que cumple la función de distinguir los conocimientos indígenas —si los hay— de la ciencia, la pseudociencia y lo anticientífico. Una buena discusión académica al respecto ha indicado que los conocimientos indígenas, a diferencia de la pseudociencia y los postulados anticientíficos, no tienen como propósito fundamental disputar hipótesis o teorías científicas ni elaborar una red teórica sistemática para reclamar un título de cientificidad.[5] El propósito de los conocimientos indígenas ha sido el de resolver problemas específicos y elaborar una tradición que se revisa constantemente. Están socialmente marginados,

5   Arun Bala y George Cheverghese Jospeh, «Indigenous knowledge and western science: The possibility of dialogue», *Race & Class*, vol. 49, 1 (2007), pp. 41-47.

en un contexto en el que se atribuye mayor prestigio a la ciencia occidental, y se ha considerado, equivocadamente, que se oponen o son contrarios a la ciencia.

Existen matices en ambos espectros, pero los extremos señalan que, o bien en algunas formas de conocimiento indígena está algo así como la salvación de la humanidad o bien se está labrando un camino conducente a la destrucción de la ciencia. Ambos extremos son por supuesto exageraciones infundadas, pues negar los conocimientos indígenas y a la vez sostener un espíritu científico es lógicamente contradictorio. Si se entiende el espíritu científico en oposición al dogmatismo y la opresión del espíritu de la investigación, los conocimientos indígenas están en alianza con el espíritu de la ciencia y puede que contribuyan en algo a paliar la crisis ambiental pero que también tengan sus límites, en cuyo caso podría afirmarse que la salvación de la humanidad tal vez no dependa exclusivamente de una mirada desde los conocimientos indígenas. Caracterizar adecuadamente el significado de los conocimientos indígenas entonces parece ser una tarea pendiente.

*

Me gustaría destacar aquí *lo situado* y la variedad de fuentes de los conocimientos, dos de las características que pueden no ser exclusivas de los conocimientos indígenas, pero que si no las señalamos se puede fácilmente perder de vista el significado mismo de los sentidos que se crean dentro de las comunidades. Lo situado no es solo la raíz territorial, sino que hace referencia a que un sentido de la existencia se configura a partir de prácticas agrícolas, específicas formas de cuidado de la tierra, del agua, y de la fraternidad con otros entes. Incluye también lo situado un abanico de prácticas de espiritualidad, de resistencias negociadas y olvidos forzados. Pero, sobre todo, lo situado destaca el relieve comunitario y temporal de los conocimientos. Alude más que a una comunidad imaginada o en el presente. Lo situado expone una configuración comunitaria en sentido amplio, una comunidad que fusiona temporal y críticamente su sentido de presente, de pasado y de futuro. Una comunidad viva, que se puede achicar, agrandar, fragmentar y volver a reunificar. Una que no permanece inamovible y cuyos integrantes son tanto quienes coexisten, quienes han coexistido y quienes habrán de coexistir. A eso se alude con conocimientos situados.

En el carácter situado de los conocimientos están implícitas también las ideas de finalidad no fija y falibilidad. Es decir, lo situado corresponde a qué se conoce y para qué. Se trata valoraciones que se configuran temporalmente. Importa saber el para qué y que lo hasta ahora conocido requiera reexaminarse a la luz de nuevos desafíos. Por eso lo situado no supone un anquilosamiento cultural, un carácter estático del sentido existencial, sino su gradual configuración en la historia. Pretender que los conocimientos indígenas se mantienen inamovibles es más la expresión de un deseo por la permanencia de sentido que una realidad de los mismos conocimientos. Los conocimientos indígenas son respuestas a necesidades vitales y comunitarias configuradas históricamente. Sería por lo menos dudoso caracterizar algún conocimiento indígena sin un territorio en la extensión amplia de este concepto, sin una comunidad, y sin un contexto histórico que demande una respuesta concreta. Estas cualidades distinguen los conocimientos indígenas de tradiciones indígenas y de otras manifestaciones culturales.

En comparación con los conocimientos, las tradiciones son construcciones de sentido más estables y fijas. Representan la necesidad de lo estable en una vida comunitaria. A las tradiciones se acude cuando hay necesidad de tener algo de seguridad existencial, real o imaginada. Las tradiciones son como el cordón umbilical que marca el comienzo de una vida. A veces ellas pueden ser fuente de conocimiento, contribuir a su creación, o cristalizar algunas de sus formas específicas, especialmente cuando son confrontadas por nuevas generaciones o por desafíos emergentes. Pero son distintas de los conocimientos. Las tradiciones dan razón de los sentidos más estables que una comunidad requiere para su pervivencia cultural, histórica y política. Quizá por ello en muchas ciudades americanas se espera que alguien indígena no pierda sus costumbres, tradiciones, o dicho en términos más aceptables en el mundo académico, su «ancestralidad». Implícita en esa expectativa hay una verdad parcial. Al ser víctima de expoliación y salir de la tierra natal o al buscar un rumbo distinto fuera de la comunidad local y asentarse en una inhóspita y desconocida gran ciudad cuyo ritmo de vida parece más pensado para ahogar la vida que para vivirla en plenitud, una persona indígena pierde algo de la conexión íntima con su espacio social y cultural y puede buscar, con o sin razón, refugio en su «ancestralidad». Sin embargo, es engañoso suponer que esa ancestralidad, incluso en esos casos, permanece fija. El fluir de la vida misma tensiona cualquier sentido existencial inamovible. De hecho, ni siquiera es necesario haber estado fuera de una comunidad natal para reconocer el aspecto tradicional no tan fijo de una misma cultura. La verdad parcial de la ancestralidad indígena es que hay algunos sentidos más fijos que otros. En la expectativa para que no se pierdan las costumbres se expresa tanto el deseo de permanencia del expectante como de quien busca refugio en las tradiciones. Esto no debería ser extraño. En alguna medida todas las personas tenemos algún relato de ancestralidad que confiere sentido a nuestra vida, todos tenemos algún cordón umbilical cultural que produce alguna atadura histórica y social, por tenue que sea. A veces acudimos a esas ataduras para reconfigurar nuestra propia existencia. Otras veces prescindimos de ellas y creamos nuevas ataduras. Los conocimientos no funcionan de la misma forma. No emergen de la necesidad de fijación de sentido, aunque pueden llegar a ello. Los conocimientos son más intentos de respuesta a inquietudes vitales que deseos de fijación de sentido.

Si un sentido de la existencia se fija a partir de conocimientos compartidos, ello no ocurre porque tal sea el propósito de la búsqueda de conocimientos. Ocurre más bien porque hay una necesidad de fijación de sentido en cualquier comunidad. Es preciso insistir en que las tradiciones pueden ser cultural y políticamente importantes, en que pueden conferir un aspecto más o menos esencial en una comunidad. Pero también importa distinguirlas de los conocimientos, puesto que lo propio de estos es la búsqueda más que la fijación de sentido. Esta distinción puede quizá verse en las valoraciones variadas que de tradiciones y conocimientos se hace dentro de una comunidad y fuera de ella.

En una comunidad, las tradiciones a menudo adquieren una inusitada relevancia ante inminentes y amenazantes formas de dominación o ante un estancamiento de la configuración de sentido intergeneracional. Se constituyen en la fuente para la unificación de una identidad bifurcada, en el baluarte ante las vicisitudes e incertidumbres. Una tradición puede llegar a ser la única historia para recordar y a veces el ingrediente que da vitalidad a una existencia rodeada por una sofocante indiferencia. Sin embargo, una tradición también puede agotar un sentido existencial, modificarse o gradualmente abandonarse. Incluso si posteriormente se retoma y se reconfigura, la fijeza de una tradición no está en códigos de sentido existencial de un tiempo eterno. En el campo fértil del tiempo, una tradición es solo uno de sus ingredientes. Las tradiciones están inscritas en la contingencia, en la condición pasajera de lo humano. El deseo de inmortalizar una tradición no se constituye en su realización. La condición contingente de lo humano ha modificado gradualmente incluso las tradiciones más antiguas. Ni el relato más recluido de la casa de tradición oral ha permanecido fijo. Todas las historias que se cuentan, por más que su contenido se repita, cambian tenuemente de forma.

Es comprensible que algunas comunidades intenten arraigar el sentido de su vida en una tradición. El deseo por lo permanente no es un deseo vano en la condición humana. Explica parte de lo que somos. Sin embargo, una parte adicional de nuestra condición es que las tradiciones más antiguas que se han intentado preservar, por más que la aspiración humana quiera inmortalizarlas, no escapan a la temporalidad. Incluso pueden encontrarse claros gestos de sobrevaloración de estancadas tradiciones indígenas por parte de la sociedad no indígena, como si lo indígena estuviera de alguna manera condenado a una era remota, fosilizada.[6]

∗

Respecto a las fuentes de conocimiento, la otra gran característica de los conocimientos indígenas, se destacan la percepción comunitaria, la interpretación intuitivamente subjetiva y la constante experimentación botánica. No se trata de las únicas fuentes, ni siquiera quizá de las más comunes. Se trata, sin embargo, de fuentes de conocimiento presentes en muchas comunidades y que adquieren varias denominaciones. Señalar estas fuentes de conocimiento permite conceptualizar mejor la diferencia entre conocimientos y tradiciones indígenas.

La percepción comunitaria se realiza mediante procesos de observación atenta y constante de fenómenos naturales, históricos, culturales y políticos. Su carácter comunitario refiere la continuidad de una historia compartida más que una comunidad presente.

6   Cf. Tyson Yunkaporta, *Escrito en la arena, op. cit.*, pp. 21 ss.

Un caso típico de percepción comunitaria proviene de la lectura de fenómenos climáticos cuyo reporte tanto en historias como en proverbios fundamenta formas de conocimiento sobre el clima, las fuentes hídricas y el cuidado del agua. La interpretación intuitivamente subjetiva da cuenta de casos particulares en los que no es posible explicar las razones por las que un sentimiento fuerte puede constituirse en una fuente de conocimiento. Algunas personas han caracterizado esta fuente de conocimiento como una corazonada. Recuerdo aquí una lección de una clase respecto a si la caracterización de corazonada es adecuada para describir el tipo de conocimiento que se construye a partir de experiencias subjetivas.

«Corazonada» no es un término adecuado, decía mi profesora de inga, una variante del quechua. Y agregaba: «Es fácil caricaturizar el significado de los sueños sin comprender la tierra que les da sentido». Agregaba que las variantes del quechua tanto en Bolivia como en Perú, Ecuador y Colombia, no anulaban la mutua comprensión del significado del sueño en el pensamiento inga. De niña, ella aprendió el significado del sueño en la maloca, su territorio predilecto. Imponente, la maloca se había construido —después ella se enteró— tras varias jornadas de trabajo comunitario con el propósito de celebrar las grandes festividades de la región. Años después era el baluarte que protegía a la comunidad local de la expropiación territorial despiadada que venía ejerciendo la descendencia de los que llegaron con los misioneros a principios del siglo XX a la zona, cuando el Putumayo era a la vez un escenario de masacre indígena, una disputa de límites nacionales y una legalización de robos de tierras indígenas con artilugios legales que ordenaban la creación de municipios y la expansión ganadera. Recordar esa historia era para mi profesora rememorar el significado de los sueños, pues en ellos ya se habían revelado vagas premoniciones de lo que podría ocurrir. Se había asociado de forma general que los constantes sueños de alegría y festividad señalaban una inminente aflicción colectiva. Se especulaba sobre la verosimilitud de esa interpretación. Muchos prestaron oídos sordos. La interpretación de sueños como forma de conocimiento por aquellas épocas era aún incierta.

En la comunidad de la profesora, el ámbito existencial humano no podía comprenderse sin el conocimiento del significado de los sueños que se enseñan en su tierra. Por ello, incluso el mismo saludo en inga, *puangui*, es realmente una pregunta por la existencia humana de quien escucha. Es como si ante la presencia de alguien fuera necesario preguntarle por su existencia, algo así como «¿existes?». No es que este saludo ignore la presencia de alguien. Es que la presencia de alguien nos recuerda las preguntas que le debemos a la existencia, la cual en parte se construye a partir del intercambio de la palabra y muy especialmente del intercambio de sueños. Por eso, la pregunta que sigue a la presencia de alguien es la pregunta por los sueños. El preguntar qué se soñó es un gesto de ofrecimiento recíproco, una forma de trueque de conocimientos y una forma de afirmar que en la subjetividad humana existen también formas de conocimiento que se unen a una trama social de significados. No era, como alguien irreflexivamente consignó en un diario etnográfico, que los sueños transmitían fidedignamente conocimientos. Era que a partir de los intercambios de sueños se construían interpretaciones colectivas con fundamento en inferencias pasadas, probabilidades acertadas y fracasadas, historias similares y sobre todo en claros signos del clima, de las plantas o de los animales. Era claro que, aunque se tratara de interpretaciones verosímiles, también podrían ser imprecisas o erróneas y por ello debían compartirse. En otras palabras, imprecisión y falibilidad interpretativa de experiencias subjetivas no obstaculizaban el intercambio de conocimientos o su gradual validación. La gente no se obsesionaba tanto por la verdad como por el significado. Como resultado de este tipo de intercambios, se gestaba una forma de conocimiento literario, un aprendizaje de las técnicas narrativas y de oralidad, unas formas de enfatizar las experiencias de significado de mayor impacto. Explicaba la profesora que fue a partir del intercambio de sueños, de sus hipotéticas, fallidas y acertadas interpretaciones, que se crearon aforismos, proverbios, refranes y dichos propios. Y fue también esa posibilidad de intercambio la que mantuvo vivo un idioma que en las escuelas públicas los curas de la zona prohibían.

Hay entonces formas de conocimiento que provienen de la subjetividad humana pero que su valor adquiere una dimensión colectiva.

Existen también formas de conocimiento intuitivas, sus inferencias provienen más de la atenta observación y contemplación del entorno que de la acumulación de mediciones de un laboratorio sofisticado. Uno de estos ejemplos deriva de la conciencia ecológica de los ciclos del agua. A veces se expresa simplemente en el silencio triste, estancado, que aparece al preguntarse por qué el desencauce de un río implica un daño en el firmamento. Aparentemente no existe relación alguna. La convicción intuitiva de los campesinos indígenas dice que hay una correlación entre el desequilibrio de los biomas y las luces del firmamento. Ello no se debe a que las estrellas cambien de posición. Lo que ocurre es que la alteración de las rutas del río altera gradualmente el ciclo del agua y por consiguiente la regularidad de los vientos, las lluvias y las nubes, lo que subsecuentemente altera la observación de la noche estrellada. Aunque este tipo de convicciones intuitivas parecen un tanto folclóricamente especulativas, si se tiene la paciencia para escuchar e indagar con mayor cuidado, es notorio que se trata de formas de conocimiento locales. De aquí, por supuesto, no puede inferirse que cada gesto sea en sí mismo una manifestación profunda de exóticas epistemes. De concluirse así, se obviaría que los conocimientos en las comunidades pasan por el filtro comunitario. Cuando la mayoría de una comunidad dice que hay una correlación entre el desencauce del río y las heridas en el firmamento no lo hace con el afán de complacer una llamativa etnografía ni por el propósito de que su voz sea citada en un manual de poesía indígena. Lo dice como resultado de conversaciones que se han construido en su comunidad, como un clamor colectivo en donde su voz es solo un medio que no requiere protagonismo.

Cuando he contado algunas historias como las anteriores se me ha preguntado si el reconocimiento político de esas formas de conocimiento contribuiría a una mejor comprensión de las formas como la variedad de la humanidad crea sentido. Casi siempre evado la pregunta porque no me gustaría que todo quede nuevamente reducido a una disputa por el reconocimiento, como si se tratara de una batalla para ver quién tiene la razón o a quién ponemos a «resguardar» los conocimientos locales. Pienso que el reconocimiento público, aunque necesario, es insuficiente para la comprensión de conocimientos de comunidades indígenas. La búsqueda de reconocimiento social o estatal de conocimientos es un hito histórico importante en muchos países y quizá contribuya a una valoración social de conocimientos indígenas. Puede constituirse en una forma de protección de formas de conocimiento. Pero debe subrayarse con franqueza que en el reconocimiento político no está garantizada la comprensión que proviene del mundo indígena.

El reconocimiento político quizá sea una forma plausible con la que algunas sociedades sanan o pretenden sanar sus historias de atropello colonial. También puede ser un antídoto importante para el dogmatismo. Sin embargo, sin un esfuerzo por comprender el significado de los conocimientos indígenas, el reconocimiento político puede convertirse en un exhibicionismo folclorizante de la diversidad epistémica. O peor aún, puede solo contribuir a engrosar los archivos documentales de pronunciamientos gubernamentales en un lenguaje tan burocrático que solo se presta a la confusión. Piénsese por ejemplo en el tono grandilocuente con que se expresan algunos funcionarios públicos en Latinoamérica para afirmar que existen conocimientos, saberes y tradiciones indígenas valiosas, sin distinguir lo uno de lo otro. Se tornan en palabras huecas, desprovistas de significado que van degradando el sentido mismo de lo que pretende valorarse.

Comprender la existencia de conocimientos de pueblos indígenas exige por lo menos dos actitudes intelectuales analíticamente distintas, aunque prácticamente relacionadas. Una primera actitud es la capacidad de autocrítica de nuestros propios límites. Se trata de una actitud de humildad epistémica, por llamarla de alguna manera, que consiste en darse cuenta de que, si la humanidad se expresa en más de cinco mil lenguas distintas, hay en principio razones para no asumir que todo tipo de conocimiento o aquello que cuente como tal sea solo expresable o comprensible en los diez idiomas más hablados en el mundo.[7] Esta conciencia crítica naturalmente no implica aceptar un relativismo epistémico sustentado en un relativismo lingüístico. No se trata de afirmar que cada idioma tiene una episteme tan distinta que hace imposible su traducción a otro idioma. Se trata de afirmar la posibilidad de que

7   Esta tesis es ampliamente defendida tanto por la sociolingüística contemporánea como por la antropología cultural. Cf. K. David Harrison, *When Languages Die*, Nueva York, Oxford University Press, 2007; Wade Davis, *The Wayfinders*, Toronto, House of Anansi Press, 2009, pp. 4 ss. [trad. cast.: *Los guardianes de la sabiduría ancestral. Su importancia en el mundo moderno*, Medellín, Sílaba, 2015 (nueva ed. Madrid, Punto de Vista, 2023)].

haya idiomas que por su naturaleza misma están mejor dotados para describir mejor algunos eventos o circunstancias del planeta que compartimos que en otros idiomas. Se trata también de afirmar sin mayor prejuicio que algunas modalidades de la existencia misma pueden tal vez decirse mejor en unos idiomas y que para ello se requiere un estudio previo que no puede darse simplemente asumiendo que el conocimiento está garantizado de antemano en los idiomas que más se han estudiado. Una segunda actitud tiene que ver con la posibilidad de tomarse en serio el ideal de que el conocimiento es una búsqueda colectiva constante respecto de qué significa existir en este planeta.

Voy a valerme de un ejemplo de la abuela que referí en la introducción de este libro para explicar estas dos actitudes.

Si alguien es hablante nativo del kamëntšá sabe que su existencia individual se asemeja a un tenue viento en un día soleado, un suspiro existencial en la exuberante manifestación existencial del universo. Esto no lo hace menos digno que otras formas de existencia como el sol, o la luna, o la lluvia. Sí lo hace consciente de su condición de caminante pasajero. Aprender así desde la temprana infancia que la fama o el éxito son tan efímeros como una nube encrespada en un día cualquiera es aprender de la condición pasajera codificada en ese idioma. Y también es aprender que nuestras acciones pueden dejar huellas en la historia de nuestro pequeño pueblo. Esto no hace que una persona kamëntšá sea mejor que un hablante de otro idioma o pueda tener una mejor vida social. De hecho, puede llevar a una actitud de sumisión política e inmovilidad social, haciendo que no se cuestione una condición estructural vulnerable. Si habita en un entorno donde su idioma no se habla, puede llevarle incluso a momentos de soledad intensa en los que se pregunte si vale la pena vivir en un mundo en donde no parece importar existir sino pretender que se existe. Sin embargo, si recuerda el eco de su idioma, la persona hablante sabe que en su ser existe un baluarte existencial interiorizado a través del idioma que le indica que su existencia individual es similar a la de un caminante pasajero, lo cual le lleva a tener una mejor disposición para afrontar tensas emociones cuando su vida parezca carecer de sentido. En otras palabras, ninguna persona kamëntšá que haya comprendido desde su infancia el significado de lo pasajero tendrá mucho de qué lamentarse cuando el mundo en el que está le haga sentirse socialmente insignificante; aun así, tendrá buenas razones para seguir preguntándose qué vale la pena conocer y qué no.

III. BOCETO DE UNA METAFÍSICA
DEL TERRITORIO INDÍGENA

Un rasgo genérico del pensamiento indígena sobre el territorio se manifiesta en gran parte de variadas narrativas, unas expresadas en recluidos espacios de conversación y otras en lugares de mayor difusión e intercambio. Pueblos tan distintos culturalmente, los pueblos indígenas americanos parecen indicar que el territorio es la fuente que da sentido a la existencia, como si la existencia estuviera anclada en la idea de territorio y se expresara de muchas formas, como el ser que Aristóteles describe en *Metafísica*. Decir que el territorio confiere sentido a la existencia desde un ángulo filosófico amerita justificarse tanto porque a menudo se asocia la metafísica con la abstracción lejana, el esoterismo, el misterio, la excentricidad o incluso con una incomprensible religiosidad porque atribuir un carácter metafísico al territorio indígena puede exacerbar un legado de folclore exótico de historias coloniales sobre pueblos indígenas.

Con «metafísica» en este ensayo aludo al sentido amplio que guía el pensamiento. Las modalidades del pensamiento en general, no de un pensamiento, sino del acto mismo de pensar, han sido sistemáticamente elaboradas en clásicos textos de filosofía occidental como en la *Metafísica* de Aristóteles, la *Crítica de la razón pura* de Immanuel Kant, los *Ensayos filosóficos* de Charles Peirce, *Ser y tiempo* de Heidegger, y *Experiencia y naturaleza* de John Dewey, por nombrar algunas de las más influyentes y variadas manifestaciones de la metafísica. Seguramente también se han elaborado en incontables tradiciones filosóficas no occidentales, como lo atestiguan las publicaciones académicas. Una similar especulación por el significado del pensar en general se ha realizado en interminables conversaciones entre personas de variados pueblos indígenas. Puede ello inferirse tanto de las reflexiones sobre el origen de los relatos y las cosmogonías que se narran en muchos pueblos como de las discusiones académicas sobre ontologías provenientes de pueblos indígenas, los supuestos implícitos y explícitos en las tensiones y convergencias entre formas de conocimiento indígenas y otras del mundo académico. En los años recientes hay mayor atención al carácter especulativo proveniente de pueblos indígenas. No es mi interés en este ensayo elaborar puntos de encuentro en torno a la posibilidad, problema, alcance o relación de esa metafísica occidental o de una de sus partes con formas de pensar indígenas. Uso el concepto de «metafísica» para señalar los intentos de búsqueda de aquellas estructuras y supuestos implícitos del pensamiento que aparecen en pueblos indígenas. Al aplicarlo al contexto indígena, estoy subrayando esa búsqueda. Mi interés es indicar que la búsqueda de supuestos en lo que pensamos, la elaboración de un examen crítico de las formas de pensar que orientan nuestra vida, no es un asunto exclusivo de algunos, sino que ha sido una actividad que ha acompañado a los seres humanos en variadas regiones y se ha presentado de muchas formas. Al centrarme en conversaciones con personas de pueblos indígenas hago explícitas algunas de esas manifestaciones metafísicas. Si los argumentos aquí elaborados sobre el territorio indígena y la idea de que esos argumentos corresponden a una dimensión metafísica son irrelevantes para la filosofía académica es un asunto distinto de si son argumentos metafísicos. Por otra parte, si por su onerosa semántica el concepto de «metafísica» disuade la mirada especulativa del mundo indígena, tal vez sea preciso reexaminar los supuestos con los que se juzga tanto la filosofía como el mundo indígena. El uso y el sentido de un concepto no deberían examinarse en virtud de su exclusiva propiedad de un grupo humano; al ser los conceptos guías del pensamiento, su riqueza teórica está también tanto en qué y cómo enseñan a ver. El concepto de territorio indígena no podría ser adecuadamente pensado sin atribuirle su justa dimensión metafísica; al subrayar ese carácter, en lugar de hacer del territorio indígena algo extraño y poco comprensible, se hace más explícito. O eso creo. Veamos las razones.

Quien tenga una mayor preocupación en el uso del concepto de «metafísica» en el sentido que estoy usando puede confrontar mi tesis con algunas de las ideas expuestas por John Dewey en *Experiencia y naturaleza* y *Arte como experiencia*. Allí Dewey sostiene que la experiencia es el resultado de la interacción de un organismo con su ambiente y el arte la manifestación más refinada, mejor cristalizada, de esas interacciones. Desde este foco analítico, las culturas humanas son codificaciones de las formas de experiencia más intensas que los organismos humanos constituyen con su ambiente. El ambiente y la cultura son mutuamente constitutivos de significado. De las experiencias intensas de significado emergen concepciones genéricas que confieren significado a la búsqueda de sentido de los organismos. Se trata de concepciones genéricas que no se estancan, sino que gradualmente se van modificando, a veces revisándose y otras radicalmente transformándose. La metafísica, desde este punto de vista, es un rasgo distintivo de búsqueda de sentido del organismo humano con su ambiente. Es una labor especulativa, teórica, que hacemos los seres humanos en la búsqueda de sentido, de lo que hacemos y somos. Como el arte, la metafísica es una manera de condensar las más intensas formas de experiencia humana que buscan otorgar sentido a los modos de existencia con los que el organismo humano interactúa. La diferencia entre el arte y la metafísica podría estar en la preferencia argumental, en el tipo de lenguajes usados para expresar mejor la búsqueda más intensa de significado de la existencia.[1] Con todo, no es mi argumento aquí que gracias a las tesis filosóficas de Dewey sea posible comprender la

1   Cf. John Dewey, *Experience and Nature*, en *The Later Works*, vol. 1, Carbondale, Southern Illinois University, 1925, pp. 20 ss. *Id.*, *Art as Experience*, en *The Later Works*, vol. 10, Carbondale, Southern Illinois University, 1934, pp. 10 ss.

significación filosófica de una metafísica territorial indígena. Mi alusión a Dewey en este punto se dirige a quienes pudieran interesarse por el sentido dado al término «metafísica» en este ensayo.

Mi punto entonces es que la metafísica, lejos de ser una espuria abstracción, es una búsqueda de orientación, de matriz, del propio pensamiento que facilita una comprensión amplia de aquello que más intensamente nos inquieta. Al caracterizar la idea de territorio indígena desde una mirada metafísica pretendo entonces hacer explícitos los supuestos teóricos en los que se fundamenta el mismo pensar indígena desde tierras indígenas. Mi referencia interpretativa a la metafísica centrada en el pensamiento indígena y de forma particular al territorio indígena explicita mi interés por buscar supuestos subyacentes compartidos en comunidades indígenas americanas.[2] Como lo describo en varias partes de este ensayo, algunas razones parecen confirmar algunos supuestos comunes. Sin embargo, dejo claro en mi argumentación algunos problemas que puede enfrentar mi hipótesis de lectura del territorio indígena. Aprovechando estos párrafos de la digresión, confieso que mi interés por la búsqueda de estos rasgos comunes proviene de las variadas y ex-

2   Uno de los autores que a mi juicio elaboró una magnífica contribución fue Hartley Burr Alexander, un filósofo que, después de estudiar cuidadosamente concepciones míticas sobre pueblos indígenas del continente americano y haberlas publicado, elaboró una interesante argumentación metafísica sobre pueblos indígenas estadounidenses. Cf. Hartley Burr Alexander, *The World's Rim*, Lincoln (NE), University of Nebraska Press, 1953, pp. 12 ss.

tensas, aunque no exhaustivas ni siempre armoniosas, conversaciones con personas de distintas comunidades indígenas americanas.[3]

✳

En comunidades indígenas andinas aquello digno de narrarse proviene naturalmente del territorio, como una planta de la montaña fértil. Se habla en los andes indígenas de territorio y existencia como si estos conceptos estuvieran inextricablemente enlazados en una urdimbre conceptual, como si el relieve montañoso hubiese dejado una impronta indeleble en algún rincón del pensamiento, forzando un nombre propio. Desde territorios andinos indígenas del Cono Sur hasta aquellos de las grandes cumbres montañosas del norte andino americano, hay una variedad de nombres con los que se honra aquel sentido de territorio que no se agota con el espacio físico. Característico de ese nombre es que le confiere sentido, como un soporte generoso, a todo cuanto existe. Ello hace que pensar lo que existe sin un eje, sin supuesto alguno, sea extraño y que en cambio resulte claro decir que se piensa desde algún lugar, real o imaginario. Ese nombre

3   Como mencioné en el primer ensayo de este libro, una de las razones por las que centro las conversaciones de estos ensayos al mundo americano es porque decidí escribir tanto a partir de la reflexión de textos publicados como de personas pertenecientes a comunidades que menciono. Reitero, por esta razón, que no incluyo similares conversaciones y discusiones de pueblos indígenas australianos o neozelandeses, cuya literatura es ampliamente difundida y conocida en el mundo académico.

característico hace que se tome como un axioma del pensamiento la afirmación de que siempre se piensa desde un territorio. No es que el territorio y la existencia sean sinónimos. La conexión entre estos dos conceptos parece ser de fundamentación, de estrecha causalidad condicional. Aquello que existe se debe al territorio; el territorio confiere sentido a la existencia. Veamos algunos ejemplos.

Cuando en Silvia Cauca la abuela misak, que prefiere ocultar su nombre, habla del territorio, empieza con historias del agua. No es su propósito decir que el agua lo sea todo. Es más bien señalar que no se puede explicar el territorio en abstracto. A veces hay que decir «tierras» en lugar de «territorio». Pero no siempre. Ella no escatima esfuerzos en enseñar que *Nu pirø* — gran territorio— habla a sus hijos, a los ríos, a las lagunas, a los picos de las montañas. Acentúa una diferencia fundamental entre *Nu pirø* (gran territorio) y *Lamø pirø* (territorio pequeño), en donde lo pequeño no es pequeño por sí mismo, sino en virtud de lo grande. Para ella es claro que las específicas manifestaciones de la existencia presuponen una idea amplia de territorio. Cuando ella cuenta las historias de los seres de agua que brotan de la montaña, van gradualmente configurándose y adquieren vida propia en los páramos, al tiempo que cuenta los dramas de esos seres primigenios, cuenta su lugar de origen, los sitios que intensifican uno de sus dramas, y los caminos que dejan con sus huellas. Por eso el territorio es allí una especie de geografía simbólica que se va configurando, como la urdimbre de un extenso telar. El territorio es lo que posibilita la existencia en general. Lo humano, lo no-humano, y lo intermedio entre lo humano y no humano coexisten como manifestaciones del territorio. El territorio es su fuente.[4]

Ocurre algo similar cuando el abuelo chamí, que en su comunidad ostenta el título de *jaibaná*, «el que sabe», explica la diferencia entre tierra y territorio. Él dice que no es una diferencia trivial la que distingue *Dachi Drúa* —nuestro territorio— de *Dachi Iujá* —nuestra tierra—. Es una diferencia viva, una que expresa dos sentidos de la existencia, cuyos relatos él prefiere mantener en su memoria y compartirlos solo con las generaciones que sientan y hablen en su idioma, el emberá chamí. A mí solo me enseñó esa diferencia y me pidió que por ahora la busque con mayor profundidad en mi propio pueblo, pues según él en cada pueblo indígena debe existir algún rastro con el que se designe a la fuente de vida. De forma análoga, cuando la *saga wiwa* en la Sierra Nevada de Santa Marta describe el origen y el camino que toman los padres espirituales, ella menciona las tierras de origen. Lo menciona para ella, no para que alguien lo consigne en un escrito. Quiere guardar para su memoria el eco que tiene el nombrar en su idioma el origen de todo lo que da vida. Me pide que guarde con precaución para mí el significado de Madre Tierra en su idioma, pues es un nombre sagrado que no se debe mencionar fuera de su ámbito territorial.

---

4 Agradezco a Julio César Tunubalá la grata compañía en las conversaciones y traducciones del Namtrik.

＊

Una narración cosmogónica da comienzo al significado de la existencia en alguna zona indígena de
la Amazonía. Se decía hasta hace poco que ese gran
significado del comienzo de la vida provenía de un horizonte compartido en el relato del Yurupary.[5] Ahora
se dice más bien que cada pueblo de la Amazonía narra
el origen de la vida de forma distinta; sin embargo, la
diferencia parece más notoria en la forma que en el
contenido narrativo. Bien sea en un idioma indígena,
en castellano o portugués, la narrativa cosmogónica de
cada pueblo de la Amazonía parece dramatizar la existencia y conferirle gradualmente varios significados,
como si la creación misma estuviera comprometida
en el acto narrativo y como si la narrativa fuera en sí
misma un signo manifiesto de afirmar la continuidad
de la creación.[6] Como en toda cosmogonía, en las de
comunidades indígenas amazónicas cada grupo cultural, cada comunidad, centraliza gradualmente su protagonismo, como en un vórtice, en el drama cósmico
que relata su origen y en general lo hace con frecuen-

5   Cf. Héctor H. Orjuela, *Yurupary: Mito, leyenda y epopeya del Vaupés,*
Bogotá, Instituto Caro y Cuervo, 1983, pp. 32 ss.; también pp. 67 ss. A
pesar de la notoria diversidad lingüística de la región, en las referidas
páginas se explora la tesis de la unidad cultural del Vaupés en torno
a la narrativa del Yurupary.
6   Esta conciencia de la continuidad de la creación —y de su posibilidad de destrucción—en la que participa la agencia humana narrada
en las cosmogonías quizá acerca la especulación indígena a la ecología
contemporánea.

cia en su lengua materna. En muchos de estos casos, las cosmogonías amazónicas dejan una constelación de significado primordial de la existencia sin explicar. Originarias, algunas formas primigenias de existencia, como las de los dioses o héroes fundacionales, despliegan el drama de otras existencias sin ellas mismas estar en una modalidad temporal específica. Tales existencias originarias proporcionan gradualmente existencia a otras entidades o las crean con su acción dramática. A su paso, a veces destruyen otras entidades. Incluso en los relatos en los que las entidades primigenias no participan de las mismas modalidades existenciales del resto de los entes, son indispensables para dar comienzo al acto narrativo inicial y con él a una creación nueva. En esas formas narrativas permanece la idea según la cual existir significa tener algún vínculo con un sentido espacio-temporal más amplio. Cualquier explicación de la existencia resulta insuficiente sin una base territorial que le proporcione sentido. Que esa base fundamental originaria sea innombrable, que su mención sea sagrada, o que deba permanecer protegida ante la presencia de extraños o lingüísticamente incompetentes es cultural y lingüísticamente importante pero filosóficamente subsidiario. Lo central desde el ángulo metafísico que subrayo está en la necesidad de explicar la existencia, una necesidad que se expresa en la variedad de cosmologías. Dice por ello el abuelo amazónico murui muinane en la maloca, su especial lugar para la narración, que en la Amazonía explicar la existencia es narrar el origen en cuyo drama se acentúan y son prominentes algunas formas de existencia.

Él lo dice en la Chorrera, su pequeño hogar —como él llama al resguardo al que pertenece— pero sus palabras hacen eco de una razón que puede escucharse por igual en lugares cercanos al Apaporis o al Río Negro y que de alguna forma aparecen codificadas en los relatos del Yurupary.

Centrarse en las diferencias y en los matices de cada región y de cada comunidad honra la memoria viva de muchos pueblos, pero no contribuye a esclarecer esa necesidad de explicar el origen de la vida desde un lugar. Las especificidades culturales indudablemente contribuyen a apreciar la diversidad de los pueblos y políticamente representan no solo una forma de resistencia ante los intentos de homogeneización cultural galvanizados igualmente por la doctrina católica y protestante como por los Estados, sino que también indican que hay muchas formas de ser humano, de sentir y de vivir. Sin embargo, esa acentuación en las diferencias culturales también puede soslayar el barniz metafísico subyacente en las narrativas de origen, de lo primordial, de lo que confiere un inicial sentido a toda existencia desde un lugar específico. Tanto en el alto Vaupés, como en el oriente y el occidente amazónicos latinoamericanos, es claro que narrar la cosmogonía del pueblo supone conferir sentido al presente humano existencial, su presente, a partir de las palabras antiguas que comenzaron a conferir de sentido a todas las manifestaciones existenciales. En estos lugares de la Amazonía oriental, el sentido existencial es locativo y temporal. Está anclado a un tiempo primigenio que comienza en tierras específicas.

La burla o ironía que expresan algunos pueblos amazónicos cuando un visitante despistado pregunta por la
madre tierra en algún profundo rincón amazónico no es
un rechazo de ese rasgo genérico de metafísica presente
en el mundo indígena. Un despiste equivalente se pre-
sentaría cuando alguien en la región andina preguntase
por el significado del origen de la anaconda, el jaguar o
la maloca, en el comienzo de los tiempos andinos. Sin
embargo, también sería exagerado, con base en este
hecho, sugerir nula convergencia metafísica territorial
entre el mundo indígena andino y el mundo amazónico. Imaginar una inconmensurabilidad infranqueable
respecto al territorio en el mundo andino y amazónico
indígena contradice el testimonio vivo que se cuenta
en el piedemonte amazónico y que afirma las muchas
formas de intercambio —y a veces de gradual impo-
sición— entre pueblos indígenas. Es preciso por ello
no perder de vista y darle suficiente crédito a quienes
prefieren insistir en las diferencias entre pueblos. Aun
así, resulta inquietante que en idiomas tan variados y tan
lejanos de sus familias lingüísticas exista esa necesidad
de comprender la existencia desde un ángulo territorial.
Razón hay en principio entonces para no descartar la
tesis según la cual las variaciones terminológicas no se
constituyen en obstáculo para pensar en un horizonte
filosófico compartido. Es este ámbito compartido el que
permite especular sobre una metafísica del territorio
subyacente a distintas prácticas culturales. Es también
aquel sentido el que permite afirmar que, aunque podría
ser representado como un cuerpo geométrico, sólido,
como un cuarzo, o en forma móvil semejante al sol,

las estrellas, o la luna, el territorio indígena es primordialmente un cuerpo vivo, con una vital memoria histórica que se materializa tanto en heridas y cicatrices internas y externas como en los remedios que aún conserva para ellas. Quizá una de las imágenes más adecuadas para pensar el territorio indígena andino-amazónico sea la de un ancestro común, un gran abuelo o abuela cuyo nombre singular se recuerda vagamente en comparación con el recuerdo vivo y colectivo que su fuerza espiritual entraña. Incluso a quien le resulte extraño este tipo de convergencia, podrá imaginar que es imposible describir su propia existencia sin al tiempo atribuirle alguna modalidad existencial vinculada a algo más que su propia existencia.

Al subrayar esa convergencia metafísica no estoy anulando o restando importancia a las especificidades culturales, materiales o históricas en el extenso dorso andino o en la extensa Amazonía. Estoy indicando la mutua comprensión teórica subyacente respecto al territorio. Puedo, sin embargo, imaginar que incluso asumiendo una convergencia filosófica entre el mundo indígena andino y el amazónico, vale preguntarse si ¿no sería un tanto excesivo —por decir lo menos— afirmar una continuidad temática entre el mundo indígena andino, el amazónico, y la diversidad de pueblos indígenas del continente americano? A juzgar por los testimonios, no parece implausible dejar la pregunta abierta al tiempo que ensayo una respuesta.

*

Extensas discusiones tanto académicas como comunitarias en Centroamérica y Norteamérica permiten sugerir que en las variadas narrativas se asume la existencia como el resultado de un proceso gradual de formación que viene desde antaño y que emerge desde tierras concretas.[7] En suelo norteamericano se consolidó esta manifestación en la tesis del cuarto mundo, cuya relevancia política permitió reunir a varios grupos indígenas en la defensa política de sus tierras. Sería un error asumir que la manifestación política causó la explicación metafísica. El proceso parece ser justamente el inverso. Fue debido a la convergencia metafísica que se logró una promisoria alianza política entre pueblos indígenas e incluso se extendió como invitación a otros pueblos lo que en su momento se pensó como panindigenismo americano.[8] Como lo dice un grupo de ancianos navajos con quienes conversé un verano en Santa Fe, Nuevo México, una parte de nuestra historia política americana nos enseña que la convergencia política que posibilita el pensamiento propio no implica necesariamente que este se fortalezca a partir de la convergencia política. De la misma manera lo expresa una noche de campamento un líder siux en las protestas

7 Thomas M. Alexander, «Creating with Coyote: Toward a Native American Aesthetics», en *The Human Eros: Eco-ontology and the Aesthetics of Existence*, Nueva York, Fordham University Press, 2013, pp. 263-283.
8 Cf. Karen Engle, *The Elusive Promise of Indigenous Development*, Durham y Londres, Duke University Press, 2010, pp. 46 ss.

contra la perforación de sus tierras. Aunque conversamos en inglés, es claro que compartimos algo más que la carga simbólica de comunicarnos en los distintos idiomas que fueron impuestos a nuestros abuelos.

Con lo expuesto, puede sugerirse inicialmente que las narrativas cosmológicas indígenas americanas son codificaciones de una compartida metafísica territorial. Es preciso en este punto insistir una vez más: una metafísica proveniente de pueblos indígenas no se constituye en una justificación o en un intento de anulación de la diversidad de manifestaciones culturales del significado del territorio. Afirmar un acuerdo metafísico implícito no implica anular las diferencias entre los pueblos. No significa negar la posibilidad de autodeterminación histórica que un pueblo indígena pueda tener para afirmar sus raíces territoriales. Solo pretende hacer una sugerencia eidética que oriente el pensamiento indígena americano. Es una sugerencia interpretativa que señala que el sentido de la existencia está conferido espacio-temporalmente. Indica que existir es manifestarse espacio-temporalmente y que esa idea ha estado presente en el mundo indígena americano.

En otros términos, lo distintivo del carácter metafísico que subrayo sugiere que el desacuerdo nominal, lingüístico, del término «territorio» entre pueblos indígenas no resulta en un desacuerdo semántico, eidético más profundo. A pesar de las variadas manifestaciones lingüísticas y culturales en las que se expresa, la idea de territorio como condición espacio-temporal que confiere sentido a la existencia es compartida entre los pueblos indígenas americanos. Se trata de una idea latente en las cosmogonías amazónicas, andinas, norteamericanas y mesoamericanas. Esta argumentación filosófica no está, por supuesto, exenta de problemas. La idea de una metafísica territorial indígena como subyacente a las determinaciones lingüísticas o concepciones cosmológicas sobre el origen y el existir mismo de un pueblo podría considerarse problemática al menos desde tres ángulos interrelacionados.

❉

Desde un punto de vista lógico, afirmar una tesis metafísica compartida por pueblos indígenas americanos podría verse como el reflejo de una generalización empírica, un intento vano de meter en una canasta estrecha de mimbre las variadas filosofías de muchos pueblos. ¿Cómo puede ser posible afirmar una tesis metafísica cuando hay buenas razones para sospechar que muchos pueblos indígenas han teorizado y codificado en sus idiomas formas tan variadas de comprender el mundo que les rodea y de conceptualizar su singular existencia? ¿Por qué no detenerse en las particularidades metafísicas de cada pueblo? Más aún, ¿por qué insistir en la búsqueda de rasgos comunes entre pueblos indígenas cuando el mismo concepto «indígena» evoca una historia de violencia colonial? ¿No podría ser más razonable plantear una hipótesis metafísica subyacente solo después de una extensa documentación *a posteriori*? Suponer una metafísica *a priori* podría verse incluso con sospecha, un vestigio problemático de homogeneizar formas disímiles de ser y existir pretextando una búsqueda filosófica. Recuérdese —se diría— que el concepto de indígena es el reducto nominal de un orden colonial impuesto a muchos pueblos para diezmarlos o controlarlos. Es lo diverso lo que hay que subrayar —se agregaría— no lo común entre los pueblos indígenas. La dificultad lógica de una objeción así es que la diferencia lingüística y cultural parece insuficiente para acentuar una igual diferencia filosófica profunda. No obstante, quizá la preocupación que se esconde detrás de esta posible objeción corresponda a una dimensión política.

En segundo lugar, y desde un punto de vista político, podría afirmarse que la idea misma de una metafísica territorial esconde o refuerza formas de colonialismo internos y externos que han padecido los pueblos indígenas y que los han llevado a denominaciones comunes abstractas que anulan experiencias y disputas concretas. Así como lo indígena es una categoría colonial de raigambre racial que facilitó el dominio territorial y el control económico de los pueblos colonizados, no un concepto proveniente de los deseos o intereses de los pueblos, así una metafísica territorial podría simplemente reflejar una problemática necesidad de agrupamiento bajo un manto político. En este sentido, una metafísica territorial sería el anverso de una colonialidad. Por muy útil que pueda resultar, tendría un tinte homogeneizante problemático. Más aún, podría aducirse como razón política importante que estrictas razones de supervivencia cultural y política alentaron a muchos pueblos a adoptar concepciones teóricas de otros ante cruentas realidades de despojo territorial, expoliación y genocidio. En otras palabras, alguien podría decir que la homogeneidad política no es consecuencia de una metafísica territorial sino su causa. Por ello, podría concluirse que para ser válida una hipótesis metafísica del territorio indígena esta debe sostenerse independientemente de una realidad política concreta.

En tercer lugar, incluso aceptando que el territorio pueda ser una condición metafísica de la existencia en pueblos indígenas, aún quedaría por responder si el territorio agota las posibilidades que se le atribuyen al existir en las variadas formas en las que se manifiesta la existencia. Dicho con otras palabras, si el territorio es condición metafísica de existencia, ¿es posible pensar en el territorio sin una *modalidad* existencial propia? ¿Asumir el territorio como condición causal de posibilidad existencial no supone *limitar su manifestación existencial*? Metafísicamente hablando, proponer el territorio como categoría fundante de la existencia parece explicar la existencia, pero deja sin mayor explicación el territorio mismo.

Ofrezco en lo que resta de este ensayo una respuesta a las primeras dos objeciones y, aunque dejo un tanto abierta la tercera cuestión, mi argumento general sobre la relevancia de la argumentación metafísica en lo que respecta al territorio indígena pretende responder a las anteriores preocupaciones especulativas.

Respecto a la preocupación lógica, pienso que parte de la respuesta está en precisar que los sentidos de la existencia emergentes de una metafísica territorial no pretenden ser fijos, ahistóricos, inamovibles, ni mucho menos una carga impositiva que deban llevar los pueblos. Al subrayar el mismo carácter emergente estoy indicando que son sentidos que se reconstruyen y reconfiguran, oscilantes en muchos casos entre la memoria histórica de un pueblo y la vida de las presentes generaciones.[9] Sospecho que detrás de la preocupación lógica hay una preocupación política. Dicho de otro modo, la preocupación por la lógica argumental que estoy usando tiene una dimensión política y en esa medida un intento de respuesta a la primera pregunta es también una respuesta a la segunda. Pienso que se trata de una genuina preocupación de la protección debida que merece la diversidad de experiencias en las que se manifiesta el espíritu humano. Si se atiende a las discusiones, tanto académicas como aquellas presentes en el ámbito sociopolítico sobre los pueblos indígenas, una de las tesis de mayor difusión es que cada pueblo indígena es un mundo distinto. Aunque plausible y en un sentido verdadero, puede ser también una afirmación un tanto engañosa.

Es verdad que cada pueblo indígena, especialmente si aún mantiene su idioma materno vivo a pesar de los cambios e imposiciones que experimenta, tiene algunos rasgos distintivos y hasta cierto punto únicos. Por ejemplo, se ha documentado que algunos idiomas indígenas amazónicos poseen características gramaticales propias, culturalmente extrañas a otros pueblos.

---

9   En el caso del pueblo nasa, la búsqueda de sentido existencial está medida por tensiones entre el significado del pasado y el presente territorial. Cf. Joanne Rappaport, *The Politics of Memory*, Durham y Londres, Duke University Press, 1998.

La lingüística contemporánea ha indicado que la existencia de «evidenciales lingüísticos» sugiere que en no
todos los idiomas la configuración normativa demanda
que se exprese gramaticalmente la fuente de información de las afirmaciones de un hablante. Como lo
describe Alexandra Y. Aikhenvald, mientras que para
un hablante tariana es gramaticalmente incorrecto
afirmar «José juega al fútbol» sin indicar al mismo
tiempo si su afirmación se da porque se ha visto, se ha
inferido, se ha soñado, o se ha escuchado, para un
hablante de español la oración «José juega al fútbol»
es gramaticalmente correcta sin mayor información
adicional.[10] Esto sugiere que el peso normativo de la
gramática en un idioma con evidenciales lingüísticos es
distinto de uno sin ellos. Por otra parte, mientras para
un hablante quechua es difícil pensar en la existencia
de un conocimiento solo teórico, esta posibilidad no
está excluida para un angloparlante.[11] Así, la diversidad lingüística en cierto grado señala la existencia de
configuraciones de mundo distintas, algunas de las cuales se expresan en las reglas gramaticales necesarias
en un idioma y subsidiarias o ausentes en otro. Sin

10   Cf. Alexandra Y. Aikhenvald, *Evidentiality,* Oxford, Oxford University Press, 2004, pp. 2 ss.
11   Cf. Pablo Quintanilla, «La influencia de la lengua en la cognición» en Pablo Quintanilla, H. Clark Barret, Michael L. Cepek,
Emanuele Fabiano y Edouard Machery (eds.), *Epistemologías andinas
y amazónicas*, Lima, Pontificia Universidad Católica del Perú, 2023,
pp. 62 ss. Véase una elaboración más detallada del concepto mismo
de sabiduría proveniente del quechua en Josef Estermann, *Filosofía
andina*, La Paz, ISEAT, ²2006, pp. 118-120.

embargo, es conveniente examinar si esta diversidad anula la posibilidad de afirmar una metafísica común en la búsqueda del sentido existencial.

✳

Una consecuencia de centrarse exclusivamente en las diferencias entre pueblos indígenas es que uno podría tomar las singulares denominaciones de «Madre Tierra» de los pueblos andinos como evidencia para reforzar la afirmación multicultural según la cual cada pueblo indígena es una especie de cosmos inconmensurable, un ejemplo de una filosofía prístina cuyo valor hay que celebrar, un ente autónomo cuya existencia bifurcada por trazos de distintos Estados o naciones es el reflejo de una manera de vivir que hay que proteger. Acentuar la variedad lingüística y cultural resulta de esa forma atractivo para mantener a raya los intentos de homogeneización intelectual y espiritual, una de las manifestaciones de un galopante colonialismo. Más aún, estas singularidades de los pueblos andinos podrían constituirse en buenas razones para no encasillar forzosamente a los pueblos indígenas en conceptualizaciones teóricas generalizantes. Sin embargo, en tiempos en los que la diferencia y la diversidad étnica, a veces folclórica y desprovista de historia, es celebrada por doquier tanto por agentes estatales como por la sociedad en general, recordar un rasgo metafísico común, lo que nos une como pueblos indígenas, tal vez sea una forma de repensarnos críticamente, una forma de retomar el hilo narrativo de muchas de las historias que dejaron nuestros antepasados cercanos y lejanos. Un hilo narrativo compartido, tensionado, roto y reconstruido que ha orientado la misma idea de ser indígenas. Tal vez la posibilidad de pensar en una metafísica territorial indígena pueda retomar la pregunta central de la existencia humana en el contexto de los pueblos indígenas. Vale la pena por ello insistir en esas preguntas filosóficas que han estado en las narrativas indígenas y que se expresan en la pregunta sobre qué significa ser humano desde una mirada indígena o en qué medida acentuar las diferencias indígenas en el siglo XXI contribuye a fragmentar las mismas comunidades a las que les debemos nuestra existencia. Hacer ese tipo de preguntas con el propósito de señalar rasgos comunes no implica que en algunas circunstancias específicas quizá sea adecuado enfatizar la singularidad lingüística y cultural indígena.

Quizá sea conveniente acentuar el carácter único de una lengua indígena, como si fuera un prisma a través del cual es posible ver aspectos concretos del mundo de otra manera, cuando se habita en un mundo en que lo homogéneo guía y regula la existencia, cuando el desconocimiento cultural y lingüístico se usa para anular las especificidades de personas y comunidades. Seguir hablando con los ríos cuando su vitalidad es amenazada por la toxicidad de los desechos plásticos puede constituirse en una lucha justa. Seguir cantando a los vientos tropicales cuando la mayor parte del mundo les niega personalidad puede constituirse en una forma de resistencia ante la tentación homogeneizante. Ofrecer una plegaria a la luna y una oración al sol, como lo han hecho muchas generaciones en sus recluidos cantos ceremoniales, puede constituirse en un ejemplo vivo de que el mundo puede ser visto de forma más compleja que la de las habituales descripciones. Continuar interpretando los sueños a la luz de los signos comunitarios en los que se reside y por los cuales se mantiene viva toda una tradición narrativa es una experiencia valiosa de conocimiento. Danzar al sol y al maíz mientras se esconden las semillas sin patentes es vivir el mundo de otra manera. Consagrar el aspecto más sacro de uno a un ritual de yajé en el que la suspensión del ego conduzca a la reconexión con el cosmos se constituye en una praxis vital de búsqueda personal y colectiva de significado. Sin embargo, con base en esas especificidades concretas, suponer que lo único importante en el mundo indígena es la diversidad misma sin prestar atención a las formas de conexión filosófica más profunda con los lugares de origen, con los imaginarios espacios constitutivos de significado, tiene hoy un correlato problemático: refuerza la afirmación multicultural según la cual cada pueblo indígena es un ente aislado que debe permanecer recluido. Aunque parece plausible, esta tesis multicultural ha llevado a fragmentar búsquedas de sentidos comunes dentro de las mismas comunidades.

La discusión de una metafísica territorial indígena estaría entonces planteada en oposición a la idea de mundos indígenas radical y mutuamente inconmensurables y en cercanía con la posibilidad de la búsqueda de rasgos comunes del pensamiento indígena sin forzarlos a un encasillamiento. Por esta razón, es preciso apreciar con una mirada amplia la insistencia de muchos pueblos indígenas —quizá de la mayoría— en que los términos para distinguir entre el espacio físico y el simbólico del territorio no son meros ejercicios de diferencia lingüística, sino que acentúan formas de pensamiento propio. Más aún, que en algunos pueblos se llame «territorio» a la casa grande en donde el drama de la existencia y su significado se manifiestan mientras que en otros esa idea resulte ajena no debería leerse como una diferencia radical, pues es evidente que en el mundo indígena existen claras nociones que indican que la vida en general no puede pensarse sin un hogar común, sin algo más que la existencia humana. Tanto los relatos cosmogónicos de la Amazonía como del mundo andino, del mundo mesoamericano y del mundo indígena norteamericano, así como incontables historias indígenas de otros continentes, sugieren la necesidad de pensar la existencia a partir de una preocupación más fundamental como lo es la casa común.

✻

A modo de conclusión de este ensayo, pienso que aceptar el énfasis metafísico del territorio indígena no implica desorientar el sentido de cuidado concreto que un pedazo de tierra requiere o el propio cuerpo, si a ello se quisiera también adjudicar el sentido metafísico del territorio. Mi interés en señalar la dimensión metafísica del territorio indígena en el amplio sentido es el de recordar que somos limitados como especie, que nuestro dominio es limitado y que nuestra existencia es más resultado de contingencia y, si se me permite, milagro natural, que de estricta voluntad humana. Recordar esa condición es también honrar el planeta en el que vivimos y que por largos años nos ha mantenido en comunidad y tensión con otras especies. Existir no es atributo exclusivo de lo humano. Por eso, tanto como acto de retribución a la generosidad del cosmos como por nuestro cuidado como especie es preciso extender nuestro ámbito valorativo más allá de nosotros mismos sin titubeos. Esto, por supuesto, implica un gran desafío a los hábitos inveterados de anteponer nuestros yoes, nuestra subjetividad, como eje fundamental y primario de la existencia. Tal vez sea hora de trabajar entre todos, de escuchar las múltiples voces de los pueblos indígenas y no indígenas que reclaman un especial cuidado con el planeta y de paso quitarnos la ceguera filosófica que nos impide ver que las comunidades y pueblos que han insistido durante mucho tiempo en que la existencia no es predicativa de exclusividad humana, menos de individualidad alguna de lo humano, tienen algo de razón. Me he centrado en los pueblos indígenas porque son con los que más he compartido y vivido, pero también sé que Occidente, como tradición filosófica, tiene voces minoritarias que han hecho un justo reclamo por la forma como la humanidad ha confundido la existencia con la existencia humana y el ser humano con el individuo.

El énfasis que hago en los rasgos comunes no debe confundirse con un rechazo a las subjetividades e individualidades. No es mi sugerencia negarlas. Creo que las subjetividades e individualidades tienen una extensa y amplia defensa y dudosamente estarían en riesgo con un argumento metafísico del territorio indígena. En caso de que así sea, el argumento metafísico no supone la eliminación de las singularidades. Simplemente se trata de quitarle su excesivo y perjudicial énfasis y poner el foco de la reflexión en el espacio común que confiere sentido a la existencia. Esto requiere una suerte de apertura intelectual, una relectura de la forma como la obsesión por lo inmediato, por lo medible, por lo absolutamente claro y más cercano nos ha llevado a rechazar el temperamento metafísico humano que nos hace preguntarnos por las razones fundamentales de la existencia, por el significado mismo de existir. Y por el significado de la tierra.

Finalmente me gustaría dejar claro que el énfasis metafísico subyacente que he realizado en este ensayo no conduce a una valoración excesiva de la espirituaidad indígena. Sé que en muchos casos se ha visto lo indígena como el baluarte o la moda intelectual contemporánea para hacer frente a un desafío ambiental. Es simplista concluir que el pensamiento indígena es menos significativo en virtud de que no toda persona indígena actúa de conformidad con los ideales provenientes de las comunidades indígenas que enseñan que una vida humana debe estar guiada por los sentidos existenciales profundos. De la misma forma, es trivial afirmar que no hay una equivalencia entre ser indígena y ser cuidador del medio ambiente. Como en toda cultura humana, las ideas que guían el pensamiento y expresan sentidos existenciales profundos no siempre son vividas por las personas de las mismas comunidades. La libertad política es una idea significativa del mundo occidental a pesar de que muchas personas del mismo mundo occidental no parecen apreciarla en su justa dimensión. De forma análoga, el territorio indígena como fuente de vida tiene un significado profundo incluso cuando algunas pocas personas indígenas, a juzgar por sus intereses inmediatos, la rechacen o la usen para su beneficio personal más inmediato. El sentido metafísico del territorio es una idea común que vale la pena pensar con cuidado.

EPÍLOGO

Cuando noviembre se asoma en el tiempo, en las grandes ciudades hay celebraciones de Halloween. Se cuelgan espantos y monstruos en las casas, como invocando un ambiente que combina lo lúgubre con lo festivo. En algunas calles se cuelgan esqueletos de plástico y se venden dulces con réplica de máscaras y flores oscuras. En Sibundoy, mi pueblo, no se celebraba Halloween hasta hace poco. Una celebración más antigua, que era monumental hasta hace años, y que ahora se va difuminando, ocurre en las mismas fechas. Se llama Waknaité y de oídas se equipara con el día de los muertos.

—¡No se dice día de los muertos! —dice enfáticamente la abuela—. Se dice Waknaité. Y se dice así —insiste ella, mientras en su rostro acenizado se dibuja un semblante de nostalgia— porque es el día en que comprendemos que al significado de la vida le trasluce el significado de la muerte.

Ella lo expresa en kamëntšá, por supuesto. «Traslucir» en kamëntšá es *entsaboknan*. Significa «estar ahí viéndose sin ser al mismo tiempo tan visible», como ese reflejo que producen las sombras. Así son la vida y la muerte. Están ahí, como dos seres que se ven sin al mismo tiempo ser vistos. Sonríe la abuela con cariño cuando le pregunto si debo hacer algo para la ocasión.

—*Baká saná's jtitënprontan; ndrad chë inye wat atš jëntjumbamab chantsatobokná.*

Me dice que debo aprender a alistar bastante comida, pues quizá el próximo año sea ella quien me venga a visitar. Quiero contestarle con alguna broma, pero ya en mí se ha dibujado un semblante de nostalgia similar al que ella me deja ver. Tal vez por ello ella me cambia la conversación y me dice que por ahora aprenda a ofrendar. Le pregunto qué significa ofrendar y me cuenta lo que ella sabe.

Dice ella que para aprender a ofrendar se debe conocer el significado de *achënunguanëng*. Se trata de esa palabra compleja de traducir, pero que, como dije en la introducción a este libro, se refiere básicamente al trazo que se deja cuando alguien, en lugar de caminar en forma recta de un lugar a otro, atraviesa el camino sin prisa, zigzagueando, como en digresión, como cuando alguien escribe divagando (como yo, en los ensayos de este libro). Ella, que nunca ha usado zapatos, dice que solo una mente obsesiva que no entiende la vida podría pensar en que hay que caminar en línea recta y con los pies aplanados. Entonces, ser *achënunguanëng* es comprenderse pasajero, concluye. Y, como si conociera mi forma de pensar y la expresión de perplejidad que me acompaña cuando me quedo callado, no sé qué decir y disimulo mirando hacia otro lado, me dice que ahí no termina todo.

Dice que entender que la vida es pasajera significa saber que con la muerte física se acaba un tiempo pero que la muerte real, la muerte metafísica, solo ocurre cuando nadie es capaz ya de recordarle a uno que alguna vez fue carne, hueso, piel, sangre, corazón, cabeza, uñas y pies. Que uno muere cuando ya no está en la cabeza de nadie, de ninguna forma en absoluto. En mi cabeza aparecen interrogantes. Me pregunto qué pasa con aquellos a quienes nadie recuerda cuando mueren. Mi abuela, como si intuyera otra vez mis inquietudes, me dice que hay seres a los que nadie recuerda y que dejaron huellas indelebles y que por eso vagan por ahí, buscando algún refugio en el sueño de alguien, pues se rehúsan a un olvido profundo. Divagan esos seres esperando que alguien pueda recordarlos, que pueda honrar su memoria, pues quizá sean seres que no tuvieron la oportunidad de ofrendar y tal vez se comprendieron como pasajeros justo antes de que su mirada cerrara por última vez las puertas que conectan el espíritu con este mundo.

Por eso hay Waknaité, continúa la abuela. Si nos entendiésemos transeúntes, tal vez nos preocuparíamos más por ofrendar de forma adecuada, por ayudar y servir a otras personas con algún talento o habilidad. Humanos como somos, a veces incluso olvidamos ofrendar y por eso hay que tener un día especial en que se ofrende. Y ese día especial es un día en el que se les ofrenda primero a quienes ya no están con nosotros, a quienes el tiempo nuestro ya les cerró la puerta. Se les ofrenda para recordarlos, para honrar su memoria y sus hazañas. Pero también para recordar sus sonrisas, sus formas de tomar chicha, sus enamoramientos, su forma de vestir y hasta sus formas de decir adiós. Eso es el Waknaité, el día en que se los recuerda con una ofrenda, y el día en que ofrendando recordamos que somos pasajeros y que, por ello, aunque el dolor sea fuerte, extraño, inaguantable, también será pasajero. Por esa razón, justo después de que un aire ceremonial con el fuego y con la invocación más antigua preparamos la comida, también esa misma noche nos preparamos para el siguiente ciclo, para el ciclo de festividad y celebración del otro gran día, el Bëtsknaté, el día de la fiesta, del baile y del perdón.

¿Y bailarás conmigo en el Bëtsknaté?, le pregunto cariñosamente. Me sonríe con una carcajada de esas que no son fáciles de olvidar. Una carcajada que se quedó grabada en mí, pues fue a la vez la sonrisa más grande y más triste que aún recuerdo, pues sé que solo podré bailar con ella en mi mundo ideal, en mi mundo espiritual, porque al año siguiente de haberme enseñado sobre el significado filosófico del Waknaité mi abuela padeció demencia y en un agosto de un año pasado murió. Pero sé que me acompaña en noches de Waknaité y que su sonrisa y sus chistes me siguen cobijando cuando bailo Betsknaté en mi terruño, mi pequeño territorio.

BIBLIOGRAFÍA

AIKHENVALD, A. Y., *Evidentiality*, Oxford, Oxford University Press, 2004.

ALEXANDER, H. B., *The World's Rim*, Lincoln (NE), University of Nebraska Press, 1953.

ALEXANDER, T. M., «Creating with Coyote: Toward a Native American Aesthetics», en *The Human Eros: Eco-ontology and the Aesthetics of Existence*, Nueva York, Fordham University Press, 2013, pp. 263-283.

BALA, A. y G. GHEVERGHESE JOSEPH, «Indigenous knowledge and western science: The possibility of dialogue», *Race & Class* 49, 1 (2007), pp. 39-61. https://doi.org/10.1177/03063968070800

DAVIS, W., *The Wayfinders: Why Ancient Wisdom Matters in the Modern World*, Toronto, House of Anansi Press, 2009 [trad. cast.: *Los guardianes de la sabiduría ancestral. Su importancia en el mundo moderno*, Medellín, Sílaba, 2015 (nueva ed. Madrid, Punto de Vista, 2023)].

DEWEY, J., *Experience and Nature, The Later Works* vol. 1, Carbondale, Southern Illinois University, 1925.

—, *Art as Experience, The Later Works*, vol. 10, Carbondale, Southern Illinois University, 1934.

DOYLE, M., «Can states be decolonized? Indigenous

peoples and radical constitutional reform in Bolivia»,
The Journal of Peasant Studies 51, 1 (2024), pp. 166-184.
https://doi.org/10.1080/03066150.2023.2201679

ENGLE, K., *The Elusive Promise of Indigenous Development:
Rights, culture, strategy,* Durham and London, Duke
University Press, 2010.

ESTERMANN, J., *Filosofía Andina*, La Paz, ISEAT, ²2006.

GORDON, L., «Decolonizing Philosophy», *The Southern
Journal of Philosophy* 57, Spindel Supplement (2019),
pp. 16-36. https://doi.org/10.1111/sjp.12343

HARRISON, D. K., *When Languages Die: The Extinction of the
World's Languages and the Erosion of Human Knowledge*,
Nueva York, Oxford University Press, 2009.

KING, T., *The Truth About Stories: A Native Narrative,*
Minneapolis, University of Minnesota Press, 2005.

KOWII, A., «Visión cultural del mundo andino: el caso
del pueblo kichwa», en R. Angarita (ed.), *Filosofía y
Sabiduría Ancestral*, Santander (Colombia), Universidad
Industrial de Santander, 2015, pp. 101-133.

LEAR, J., *Radical Hope: Ethics in the Face of Cultural Devasta-
tion,* Cambridge (MA), Harvard University Press, 2008.

LEE B. M., «Sibundoy Ethnobotany», tesis doctoral, Harvard University, 1965.

LEÓN-PORTILLA, M., *La filosofía náhuatl estudiada en sus
fuentes*, México, Universidad Nacional Autónoma de
México, ¹¹2017.

MELIÀ, B., «Filosofía guaraní», en E. Dussel, E. Mendieta y
C. Bohórquez (eds.), *El pensamiento filosófico latinoamericano, del Caribe, y «latino»*, México, Siglo XXI, 2009.

MOMADAY, N. S., *The Man Made of Words: Essays, Stories,
Passages*, Nueva York, St. Martin's Griffin, 1998.

Nelson, M. K. y D. Shilling (ed.), *Traditional Ecological Knowledge: Learning from Indigenous Practices for Environmental Sustainability*, Cambridge, Cambridge University Press, 2018.

Orjuela, H., *Yurupary: Mito, leyenda y epopeya del Vaupés,* Bogotá, Instituto Caro y Cuervo, 1983.

Quintanilla, P., «La influencia de la lengua en la cognición: El caso de las intuiciones epistémicas en quechua», en P. Quintanilla, H. C. Barret, M. L. Cepek, E. Fabiano y E. Machery (eds.), *Epistemologías andinas y amazónicas*, Lima, Pontificia Universidad Católica del Perú, 2023, pp. 61-103.

Rappaport, J., *The Politics of Memory: Native Historical Interpretation in the Colombian Andes*, Durham y Londres, Duke University Press, 1998.

Rodríguez M. E., «How the mixed-race myth warped science in Latin America», *Nature*, vol. 600, 12 (2021), pp. 374-378. https://doi.org/10.1038/d41586-021-03622-z

Salazar, A., *¿Existe una filosofía de nuestra América?*, México, Siglo XXI, 1968.

Silko, L. M., *Ceremony*, Nueva York, The Viking Press, 1977.

Wildcat, M. y D. Voth, «Indigenous relationality: Definitions and methods», *AlterNative: An International Journal of Indigenous Peoples* 19/2 (2023), pp. 475-483. https://doi.org/10.1177/11771801231168

Yunkaporta, T., *Escrito en la Arena*, Barcelona, Herder, 2023.